... wiederkommen

Auch das Thema kommt immer wieder. 10. Okt. 84

Hugo S. Verbrugh

...wiederkommen

Erfahrungen des Vorgeburtlichen und der Reinkarnationsgedanke

Verlag Freies Geistesleben

CIP-Kurztitelaufnahme der Deutschen Bibliothek

Verbrugh, Hugo S.:
... wiederkommen : Erfahrungen d. Vorgeburtl.
u. d. Reinkarnationsgedanke / Hugo S. Verbrugh.
[Übers.: Gundel Fürniss]. – Dt. Ausg. – Stuttgart :
Verlag Freies Geistesleben, 1982.
Einheitssacht.: Een beetje terugkomen ... ⟨dt.⟩
ISBN 3-7725-0743-3

Die holländische Originalausgabe
erschien unter dem Titel «Een beetje terugkomen ...»
bei Uitgeverij Christofoor, Rotterdam

Übersetzung: Gundel Fürniss

Einband: Martin Diethelm

Deutsche Erstausgabe

Herstellung: Clausen & Bosse, Leck

Inhalt

Einleitung

Zusammenhang zwischen Erfahrung und Idee

Das Thema, das ich hier behandeln möchte, ist der Zusammenhang zwischen einer neuen Art von Erfahrung und der Idee der Reinkarnation. Die Idee der Reinkarnation ist schon lange bekannt, neu sind jedoch die Erfahrungen, mit denen ich diese Vorstellung in Verbindung bringen will. Darum beginne ich am besten mit ein paar Bemerkungen über solche Erfahrungen. Sie beziehen sich auf Erlebnisse, die mit dem Beginn einer Schwangerschaft zusammenhängen. Zunächst scheinen sie weit hergeholt zu sein. Wenn sie aber sinnvoll ausgelegt werden, können sie ein neues Licht auf den Reinkarnationsgedanken werfen.

Die Umstände, durch die ich damit bekannt wurde, und die Anknüpfungspunkte, die sich mir von anderswoher boten und mir ermöglichten, solche Erlebnisse sinnvoll zu deuten, veranlaßten mich, dieses Buch zu schreiben. Der besondere Charakter der genannten Erfahrungen liegt darin, daß sie sich auf die Anwesenheit einer menschlichen Individualität – und zwar als eines Wesens mit einer eigenen konkreten Identität – beziehen, in einem Stadium der Schwangerschaft, in dem eine derartige Identität für die heute üblichen Vorstellungen nicht vorhanden ist, geschweige denn erfahren werden kann. Ihre Bedeutung besteht darin, daß sie helfen können, aus dem meist noch als ziemlich abstrakte Idee erlebten Reinkarnationsmotiv eine konkrete und allgemein erfahrbare Tatsache zu machen.

Es geht mir hier ausdrücklich um den Zusammenhang zwischen den entsprechenden Erfahrungen und der Idee der Wiederverkörperung. Die Ausführungen können erst dann verstanden werden, wenn beide Aspekte des Themas in ihrer Wechselbeziehung gesehen werden. Daraus ergibt sich, daß erst einmal jeder für sich besprochen werden muß. Ich gebe deshalb im zweiten Kapitel eine kurze Übersicht über die Idee der Reinkarnation und den Zusammenhang von Idee und Erfahrung im allgemeinen. Beides wird äußerst knapp behandelt und nur soweit, als es absolut notwendig ist, um das eigentliche Thema dieses kleinen Buches sachgemäß verstehen zu können. Anschließend werde ich im dritten Kapitel die erwähnten Erfahrungen beschreiben und besprechen. Kapitel vier gibt dann wieder, wie die Tatsache «Reinkarnation» als Ganzes betrachtet werden kann, worauf im fünften Kapitel meine persönliche Stellungnahme folgt.

«... wiederkommen»

Der Titel dieses Buches steht im Zusammenhang mit einer französischen Redewendung, die da lautet: «Partir, c'est mourir un peu»; wörtlich übersetzt: «Weggehen, das ist ein bißchen sterben (Vgl. Anm. 1). Mir scheint, daß es eine Verbindung zwischen diesem Zitat und dem Gedanken der Reinkarnation gibt, auch wenn er nicht ohne weiteres einleuchtend ist. Ich will das kurz erklären:

«Partir, c'est mourir un peu» ist eine bekannte Wendung, obwohl sie eine doch ziemlich fragwürdige Idee zum Ausdruck bringt. Ist das Sterben – sieht man einmal von der Problematik der «klinisch toten» Menschen ab, die mit Hilfe von Beatmungsmaschinen «am Leben» erhalten werden – nicht etwas Absolutes? Wie kann man etwas so Absolutes relativieren und von «ein bißchen sterben» sprechen?

Es kommt auf die Sichtweise an. Jemand hat sich die Worte «Weggehen ist ein bißchen sterben» einfallen lassen – und sie sind bekannt und populär geworden. Ist das nicht ein Beweis dafür, daß sich viele Menschen «irgendwie» – größtenteils unbewußt – von dieser hier ausgedrückten Relativierung des Sterbens und des Todes angesprochen fühlen? Offenbar ist die Überzeugung von dem absoluten Charakter des Todes nicht so «absolut», wie es im allgemeinen erscheint. Unter der Oberfläche gibt es eine Art verborgene Strömung anderer Auffassungen und Vermutungen. Das eröffnet die Aussicht auf neue Ideen.

Was liegt außerdem in der zitierten Redewendung? Das Wort «weggehen» läßt vermuten, daß es einen Bestimmungsort gibt, zu dem der Scheidende «weggeht» – auch wenn dieser Ort noch unbekannt sein sollte. Faßt man ihn vom Standpunkt der beim Abschied Zurückgelassenen auf, liegt er «jenseits» ihres Umkreises. So betrachtet ist «Jenseits» ein ganz neutraler Begriff – was zwingt uns eigentlich zu der Annahme, daß es sich beim Sterben um eine Reise ohne Rückkehr handelt? Die Idee, daß wir irgendwann einmal zurückkommen werden, ist als *Denkmodell* durchaus nicht unmöglich. Dieses «Zurückkommen» ist zugegebenermaßen keine *Erfahrungstatsache*, jedenfalls für die meisten Menschen unserer westlichen Kultur nicht.[2] Die Vorstellung hat aber einen Vorteil: Sie regt dazu an, den Blick einem bisher unbekannten Bereich zuzuwenden.

In den letzten Jahren ist viel über die aktuell gewordenen Fragen nach dem Tod und dem Sterben geschrieben worden. Dabei fällt auf, daß in all den Veröffentlichungen das Problem, was nach dem Tode geschieht, kaum eine Rolle spielt. Es scheint, als ob ein mehr oder weniger unbewußtes Tabu dazu führt, daß wir diese Frage nicht einmal stellen mögen – und schon gar nicht eine aufschlußreiche Antwort darauf erwarten.[3] Der Reinkarnationsgedanke birgt zumindest Anknüpfungspunkte für eine derartige Antwort. Obwohl dieser Aspekt der Sache hier nur gestreift wird, ist er doch so wichtig, daß ich einleitend auf ihn hinweisen möchte.

Nicht ganz unverbindlich

«... wiederkommen» – ein solcher Titel legt vielleicht nahe, daß es sich eher um eine leicht verständliche Abhandlung handelt als um eine wissenschaftlich ausgefeilte Arbeit. In der Tat habe ich versucht, mich so kurz zu fassen wie möglich und mich einfach auszudrücken. Ich wollte ein brauchbares Arbeitsmaterial liefern, nicht mehr. So betrachtet ist die Schrift nicht sehr anspruchsvoll.

Trotzdem handelt es sich nicht um einen ganz unverbindlichen Essay. Die Wissenschaft nimmt in unserer Kultur einen so hervorragenden Platz ein, daß jede ernsthafte Behandlung einer Frage selber auch wissenschaftlich fundiert sein muß. Aus diesem Grunde wurden Hilfen und Anregungen, die die Wissenschaft bei der Auseinandersetzung mit dem Thema bot, mit einbezogen.

Dabei ging es mir nicht darum, inhaltliche Beiträge aus den dafür in Betracht kommenden Gebieten der Wissenschaft wie z. B. Religionswissenschaft, Kulturanthropologie, Psychologie, Parapsychologie usw. anzuführen, obwohl dadurch sicherlich sehr viel Wesentliches zu einem besseren Verständnis des Problem der Reinkarnation beigetragen werden könnte. Mir ging es hier mehr um die allgemeine Haltung kritischer Unbefangenheit, um die Absicht, präzise Fragen zu formulieren, die unzweideutig beantwortet werden können. Besonders wollte ich versuchen, an das Thema in einer Weise heranzugehen, die schon bei anderen Fragen zum Erfolg geführt hat, die mit dieser wissenschaftlichen Haltung angegangen wurden. Einen ähnlichen Erfolg selbst kann ich mit dieser Schrift nicht erzielen. Aber ich hoffe, daß hier ein Ausgangspunkt zur Annäherung an die Lösung des Problems geschaffen worden ist, ein Ansatz, der später einmal zu Ergebnissen führen wird, wie sie für echtes wissenschaftliches Vorgehen kennzeichnend sind.

Anthroposophie

So wie ich mich bemüht habe, den Beitrag der Wissenschaft einzubeziehen, habe ich auch die Anthroposophie berücksichtigt. Die Ideen Rudolf Steiners und seiner Schüler stellen für den Gedankengang dieses Buches eine hervorragende Inspirationsquelle dar.[4] Vom Leser werden aber keinerlei Kenntnisse der Anthroposophie, keine Vertrautheit mit der besonderen anthroposophischen Denkweise vorausgesetzt. Diejenigen, die Anthroposophie kennen, werden möglicherweise sogar eher darüber erstaunt sein, daß ich mich nicht noch mehr von ihr inspirieren ließ. Denn es gibt in ihr tatsächlich erheblich mehr Einsichten und Ideen über die Reinkarnation, als ich hier anführe.

Die Anthroposophie gibt aber auch selber Aufschluß darüber, warum ich so viele ihrer grundlegenden Hinweise nicht oder kaum zur Sprache gebracht habe. Eine der Grundregeln des anthroposophischen Schulungsweges lautet: Laß keine Vorstellung in deinem Bewußtsein zu, die du nicht sorgsam untersucht und erprobt hast.[5] Ich habe mir meines Erachtens eine Anzahl von Vorstellungen aus der Anthroposophie soweit zu eigen gemacht, daß ich mit ihnen arbeiten kann. Viele andere, von denen ich das nicht behaupten kann, habe ich dann auch absichtlich außer acht gelassen.

Reinkarnation als Idee

Ein Kontrast

Reinkarnation ist für die europäische Kultur ein paradoxes Thema. Sie ist in keinem ihrer religiösen oder philosophischen Systeme zu finden, außer in der Anthroposophie. Es herrscht sogar die Meinung, daß die Idee der Wiedergeburt ausschließlich eine Angelegenheit östlicher Religionen sei.[6] Bei Wiedergeburtsideen, die in Europa vorkommen, handelt es sich – der offiziellen Meinung zufolge – entweder um Import oder um qualitativ und quantitativ zu vernachlässigende Denk- und Glaubensrichtungen. Sie passen nicht in die herrschende Kultur. Unter herrschender Kultur verstehe ich die Gesamtheit der Ideen und Ansichten, Überzeugungen und Gefühle, Normen und Werte, die allgemein anerkannt sind und der Mehrzahl der Menschen mehr oder weniger als Maßstab dienen. Entsprechend diesen Maßstäben ist Reinkarnation ein ausgesprochen alternatives Thema, das mit einem Image von Nebulosität und Unglaubwürdigkeit behaftet ist, kurzum: eine unbedeutende Angelegenheit. Auch die Parapsychologie hat bis heute nicht viel damit anfangen können. Das praktisch einzig Interessante an der grundlegenden parapsychologischen Literatur im Zusammenhang mit der Reinkarnation sind Beschreibungen von Menschen, die sich an ein vorhergegangenes Leben erinnern.[7] Sie sind faszinierend zu lesen und oftmals durchaus glaubwürdig, angesichts der Sorgfältigkeit und Integrität, mit der viele Forscher in der Parapsychologie vorgehen. Sie sind faszinierend zu lesen – für die hier gewählte Art der Auseinandersetzung haben sie aber im wesentlichen nur anekdotische Bedeutung. Bei aller Glaubwürdigkeit kann von wissenschaftlich erhärteten Fakten keine Rede sein.[8]

Unter der Oberfläche der heutigen Kultur lebt das Thema dieses Buches mit einer viel größeren Intensität, als es die öffentliche Meinung vermuten ließe. Wer ein bißchen darauf achtet, kann immer wieder Menschen begegnen, für die es ganz selbstverständlich ist, früher schon einmal gelebt zu haben und nach ihrem Tod aufs neue auf die Erde zurückzukommen. Diese Gewißheit ist meist unabhängig von Erinnerungen an ein voriges Leben. Auch viele bekannte Zeitgenossen teilen diese Überzeugung, wie der Autofabrikant Henry Ford und die Rockband-Sängerin Nina Hagen, um nur zwei Namen willkürlich herauszugreifen.[9] Das inoffizielle Interesse an Reinkarnation in Europa und den USA ist nicht heute oder gestern entstanden. Viele Träger der westlichen Kultur sind mehr oder weniger vertraut mit dem Problem gewesen. Wir finden es schon bei den großen Philosophen des klassischen Griechenland, bei Pythagoras und Plato, vor 2500 Jahren.

So fördert das Thema «Reinkarnation» einen merkwürdigen Widerspruch zutage zwischen der allgemeinen, äußerlich sichtbaren herrschenden Kultur und dem, was unter der Oberfläche immer gelebt hat und bei vielen Menschen noch lebt.

Zwei Gegenargumente

Auf diesen Widerspruch möchte ich kurz eingehen: Auf der einen Seite fehlt jegliche Überzeugung oder Idee von der Reinkarnation. Das ist nicht verwunderlich und kann durch zwei Argumente verständlich gemacht werden: Erstens fehlen der herrschenden Kultur Vorstellungen über das «Jenseits», zweitens ist das Sich-Erinnern an vorhergehende Leben ein großes Problem.

Zum ersten Argument:

Seit der Renaissance richtet sich die bestehende Kultur immer stärker und ausschließlicher auf alles aus, was auf der Erde geschieht. So stark, so ausschließlich und mit so großem Erfolg, daß von der Idee eines Jenseits nur schemenhafte Vorstellungen erhalten geblieben sind. Ohne eine deutliche und in der Allgemeinheit lebendig anwesende Idee von einem Jenseits, kann es aber keinen klaren Begriff von der Reinkarnation geben. Denn wie wir die Sache auch betrachten, Reinkarnation ist nicht denkbar ohne die Annahme einer *Identität*, die sich (re)inkarniert. Das bedeutet, daß während der verschiedenen Leben oder Inkarnationen auf der Erde immer wieder etwas von dieser «Identität» anwesend sein muß; daß sie nicht verlorengeht. Folglich muß irgend etwas von ihr auch in den außerirdischen, dazwischenliegenden Perioden bestehen bleiben[10] – was aber für das Denken innerhalb der herrschenden Kultur etwas Unvorstellbares ist. Das Fehlen eines lebendigen Begriffes von einem Jenseits, von einem nachtodlichen Sein – das ja zugleich das vorgeburtliche Sein eines folgenden Lebens ist – stellt vorläufig noch ein unüberwindliches Hindernis dar für eine angewandte Inkarnationsidee. Wir müssen uns schon etwas einfallen lassen, um zu einer Vorstellung wiederholter Erdenleben zu gelangen, die für jeden Menschen verständlich und überzeugend ist und die in der Kommunikation der Menschen untereinander einen selbstverständlichen Platz findet.

Die zweite Schwierigkeit liegt in unserem Erinnerungsvermögen. Ein Kennzeichen unserer heutigen Kultur ist das heilsame Streben, dasjenige, was wir zu wissen meinen, kritisch zu untersuchen und für unsere Denkweisen und Erfahrungsinhalte Begriffe zu finden, die von anderen nachvollzogen werden können. Reinkarnation wird so lange keine echte Erfahrung sein können, solange nicht die eine oder andere Form von Erinnerung an mindestens ein vergangenes Erdenleben zum offiziellen, regulären «Kulturgepäck» gehören wird. Daran ist nichts zu drehen und zu wenden. Bis dahin wird sie höchstens eine mehr oder weniger verschwommene Idee bleiben, von der wir uns keinen klaren Begriff machen können. Damit sind wir bei zwei außerordentlich wichtigen, miteinander eng zusammenhängenden Aspekten der Reinkarnationsfrage angelangt: Der Art und Eigenschaft unseres Gedächtnisses, unseres Erinnerungsvermögens, und der Beziehung zwischen Erfahrung und Begriff.[11]

Uferlose philosophische Betrachtungen hierüber sind in diesem Buch nicht angebracht. Uns genügt folgendes: Für jeden Menschen ist die Erinnerung an früher Erlebtes eine Erfahrung. Jeder hat auch eine Vorstellung von der Erinnerung, die einschließt, daß man ohne weiteres weiß: Diese Erfahrung haben die anderen Menschen auch.

Das ist ganz allgemein gültig. Der Inhalt dieser Erfahrung ist hingegen ganz und gar individuell. Jeder Mensch lebt sein eigenes Leben; auch das, was wir gemeinsam mit anderen erlebt haben, wird in der Erinnerung individuell festgehalten. Trotzdem ist es möglich, Erinnerungen auszutauschen und über frühere Erlebnisse zu kommunizieren. Um den Erinnerungsaustausch zwischen zwei Menschen aber fruchtbar zu gestalten, sind wiederum zwei Voraussetzungen notwendig. Erstens: Die Erinnerungen des einen dürfen sich nicht allzusehr von denen des anderen unterscheiden. Zweitens: Ein bestimmter sozialer Rahmen muß die Verständigung möglich machen. Wenn jemand erzählt, in Amerika gewesen zu sein, dann glaube ich das ohne weiteres. Mein Glaube hängt nur davon ab, ob er oder sie einen glaubwürdigen Eindruck macht. Ich glaube auch, was mir andere Menschen über dieses Land erzählen; bilde mir sogar ein, selber eine einigermaßen treffende Vorstellung und einen Begriff davon zu haben, obwohl ich noch nie dagewesen bin, also gar keine eigene Erfahrung zugrundeliegt. Wenn aber jemand behauptet, auf dem Mond herumgegangen zu sein, glaube ich das nur dann, wenn es einer der Raumfahrer ist, der seinerzeit eine Mondlandung von Cape Kennedy aus mitgemacht hat. Und auch das muß ich selber prüfen können: Der soziale Kontext, in dem ich diesem Menschen begegne, muß der Behauptung Glaubwürdigkeit verleihen; in diesem Falle wäre das zum Beispiel ein durch eine seriöse Organisation veranstalteter Vortragsabend, auf dem als Redner einer dieser Mondfahrer aufträte.

Mit Berichten über Erinnerungen an vorhergehende Leben ist das genauso. Ich erinnere mich an nichts, und ein glaubhafter Rahmen ist hier so schwer zu finden, daß ich nur das, was auf mich den Eindruck größter Glaubwürdigkeit macht – wie zum Beispiel die Veröffentlichungen, die in Anmerkung 7 genannt werden – nicht von vorneherein ablehne. Aber ein «Nicht-von-sich-Weisen» ist noch kein Akzeptieren. Und solange der genannte soziale Kontext so schwach ist, bleibt das ganze Reinkarnationsmotiv etwas, das sehr fragwürdig ist; was vielleicht sein kann, vielleicht aber auch nicht.

Nach dem vorher Besprochenen steht der Mangel an irgendwelchen Reinkarnationsideen anscheinend völlig in Übereinstimmung mit anderen grundlegenden Kennzeichen unserer heutigen Kultur.

Noch einmal der Widerspruch

Angesichts der genannten Gegenargumente ist es um so interessanter, daß die Idee eines früheren Lebens auf der Erde und des Zurückkommens auf die Erde nach dem Tode unter der Oberfläche der bestehenden Kultur bis heute da war. Das läßt vermuten, daß sich viele Menschen mit der offiziellen Vorstellungslücke in bezug auf das Jenseits nicht abfinden konnten oder können. Besonders nicht, was die Beziehung zwischen dem Jenseits und der irdischen Realität angeht. Man kann diese Vermutung natürlich auf sich beruhen lassen. Der Widerspruch zwischen dem Inhalt der herrschenden Kultur und den Ideen, die viele Menschen unabhängig davon zu haben scheinen, kann – einmal aufgedeckt – aber auch zu Fragen führen.

Wie kommen die Menschen dazu, die Reinkarnation als eine reale Tatsache anzuerkennen? Wie vereinbaren sie diese Vorstellung mit den Gegebenheiten der bestehenden Kultur? Oder bringen sie sie gar nicht damit in Zusammenklang und leben in zwei Welten? Das ist gar nicht so absurd. Jeder von uns kennt das Dilemma, nicht genau zu wissen oder sogar nicht einmal wissen zu können, wie man in der richtigen Weise denken oder handeln soll: «Mein Herz sagt ja, doch mein Verstand sagt nein», ist eine bekannte Formulierung dieser Situation. So gesehen, ist eine vage Vorstellung von der Reinkarnation gar nichts Ausgefallenes.

Das alles ist aber kein Grund, das Reinkarnationsmotiv in der heutigen Unklarheit zu belassen. Es erheben sich ja auch allgemeinere Fragen wie z. B. die, ob uns ausreichend bewußt ist, daß unsere moderne Zivilisation bisher die einzige der Weltgeschichte ist, in der sich einerseits keine wirkliche Vorstellung von einem Jenseits entwickeln konnte und deren Verbreitung und Einfluß andererseits so weltweit ist, wie bei keiner der vergangenen Kulturen? Stellen die ausschließliche Ausrichtung auf das Irdisch-Materielle und die kritisch-wissenschaftliche Haltung unserer Kultur ein unvermeidliches Hindernis dar für einen praktikablen Begriff vom Jenseits bzw. von der Reinkarnation, oder sind in dieser Hinsicht noch ganz unerwartete Entwicklungen möglich? Einer Anzahl neuerer Erscheinungen nach zu urteilen, rücken diese und ähnliche Fragen in der letzten Zeit immer stärker ins Bewußtsein. Einige solcher Entwicklungen sind für das vorliegende Thema so bedeutungsvoll, daß ich sie hier anführen möchte. So besteht z. B. schon seit Jahren ein Interesse für den Prozeß des Sterbens und die Hilfe für den Sterbenden. Ganz allgemein wächst jetzt auch das Bedürfnis nach empirischen Untersuchungen darüber, was nach dem Tode geschieht.[12] In letzter Zeit erscheinen auch beachtenswerte philosophische Veröffentlichungen über den Tod.

So wurde kürzlich eine interessante Analyse des Begriffs «Tod» gegeben: Einerseits sei der Tod eine nicht zu leugnende, reale und allgemeingültige Tatsache des menschlichen Lebens, andererseits für niemanden eine echte eigene Erfahrung. Außerdem sei die Idee, daß «ich» als Person jemals sterben würde, unvereinbar mit der im Wesen zeitlosen, und daher nicht zeitlich zu begrenzenden, Identität meines Selbstbewußtseins. Wer einigermaßen bewußt im Leben stehen will, kann entscheidenden Fragen wie diesen nicht einfach ausweichen.[13]

In einem etwas weiteren Zusammenhang müssen hier auch die neueren Entwicklungen in der Wissenschaftstheorie genannt werden; sie sind in verschiedener Hinsicht für unser Thema bedeutungsvoll. Es hat sich herausgestellt, daß nicht nur offensichtliche und wissenschaftlich anerkannte Daten, sondern auch unsere Sicht von Dingen, die wir durch unser normales menschliches Erkenntnis- und Erfahrungsvermögen genau zu kennen meinen, weitgehend durch ideologische und religiös geprägte Voreingenommenheiten mitbestimmt wird. Das schränkt ihre Gültigkeit stärker ein, als vielfach angenommen wurde und auch heute noch angenommen wird.[14] Der Einsicht der modernen Wissenschaftstheorie zufolge ist unser gesamtes Wissen immer schon in größere, uns zum Teil nicht bewußte Zusammenhänge eingebettet. Voraussetzung für den Zugang zu neuen Einsichten und Entdeckungen ist, daß der bestehende Zusammenhang, das heißt alles, was wir wissen oder annehmen zu wissen, zur Diskussion gestellt wird. Geschichtliche Beispiele zeigen uns, daß das zwar mühevoll, aber nicht unmöglich ist.[15] Solche Beispiele werden im folgenden Abschnitt genannt und besprochen, um mit ihrer Hilfe deutlich zu machen, wie ein für die herrschende Kultur wesentlich neuer Bereich erschlossen werden kann.

Nicht zuletzt möchte ich die Anthroposophie erwähnen. Sie ist eine geistige Bewegung, der sich in den vergangenen Jahren immer mehr Menschen zugewendet haben.[16] Sie hat im Zusammenhang mit dem Reinkarnationsthema für die vorliegende Schrift eine ganz besondere Bedeutung (vgl. S. 10f.)

Vier historische Beispiele aus anderen Lebensbereichen

Es regt sich so manches auf den verschiedenen Gebieten, von denen aus wir an die Idee der Reinkarnation herantreten können. Das läßt erwarten, daß die neue Art von Erfahrungen, die im dritten Abschnitt des Buches vorgestellt wird, auf fruchtbaren Boden fällt und sich zu einem selbstverständlichen Bestandteil des Bildes entwikkeln kann, das die Menschen von sich selber haben. Die vorhergehenden Abschnitte sollten den Boden des Verständnisses dafür etwas vorbereiten. Zur Abrundung sind noch einige Bemerkungen über die Beziehung zwischen Erfahrungen und Ideen ganz im allgemeinen nötig. Es ist nämlich wichtig, sich darüber bewußt zu werden, daß Erfahrungen, genausowenig wie Sinneseindrücke, ganz aus sich heraus bestehen können. Tatsächlich bestehen sie nur aufgrund von Wechselwirkungen mit einem schon vorhandenen theoretischen Hintergrund, der mitbestimmend dafür ist, was wir wahrnehmen und was nicht. Dieser Hintergrund ist sogar notwendig, um überhaupt ein Bewußtsein über das Wahrgenommene entwikkeln zu können.[17]

Das kann am besten anhand einiger Beispiele aus der Vergangenheit erläutert werden; an Situationen, in denen neue Erfahrungsgegebenheiten in unsere Kultur eingeführt wurden, um später zum Allgemeingut zu werden. Jedes der Beispiele zeigt wieder andere Aspekte des Zusammenhangs zwischen Erfahrung und Idee.

Die Erde ist rund

Ein klassisches Beispiel ist die Entdeckung, daß die Erde rund ist. Das Beispiel ist auch deswegen gut, weil diese Tatsache für das unbefangene Bewußtsein immer noch keine selbstverständliche Erfahrung ist. Solange wir Kinder sind, *ist* für uns die Erde flach; daß sie in Wirklichkeit rund ist, müssen wir erst bewußt lernen. Die europäische Menschheit als Ganzes mußte diese neue Information über die Erde bewußt in sich aufnehmen und verarbeiten, nachdem sie – ihrem Gefühl nach – seit Urzeiten auf einer flachen Scheibe gelebt hatte. Das war ein mühsamer und komplizierter Prozeß.

Als Columbus Amerika entdeckte und Magellan die Erde umsegelte, brachten die beiden wesentlich neue Erkenntnisse in die Welt. «Wesentlich neu» heißt hier, daß sich dadurch das gesamte Wissen der Menschen von der Welt veränderte. Die neuen Tatsachen konnten von den Menschen nur aufgenommen werden, indem sie das gesamte überkommene Wissensgut – bildlich und wörtlich gesprochen – ganz neu betrachteten. Die alltägliche Erscheinung z. B., daß ein Schiff am Horizont immer kleiner wird und schließlich verschwindet, «sehen» wir in bestimmter Hinsicht anders als unsere Vorfahren, die vor Columbus und Magellan gelebt haben.[18] In gewisser Weise ist es so, daß die in der Renaissance begonnene radikale Veränderung des Weltbildes heute durch die Raumfahrt ihren Fortgang findet.

Bakterien als Erreger von Infektionskrankheiten

Das zweite Beispiel ist die Entdeckung der Bakterien. Vor rund hundert Jahren war die Vorstellung, daß bestimmte Krankheiten, die sogenannten Infektionskrankheiten, durch unsichtbare kleine

Organismen übertragen werden, kaum mehr als eine vage Vermutung. Obwohl es jahrhundertelang Forscher gab, die einer derartigen Idee zuneigten, wurden die Bakterien und die bakterielle Entstehung der Infektionskrankheiten erst durch die Experimente und die theoretische Arbeit von Koch, Pasteur und anderen zu einer wirklichen Erfahrung. Jetzt erst konnte die Lehre von den Infektionskrankheiten ihren unbestrittenen Platz in unserer Kultur einnehmen.[19]

Der Vorteil dieses zweiten Beispiels besteht darin, daß es uns näher liegt und von daher exakter betrachtet werden kann. Es fällt uns leichter, uns in die Mentalität der französischen, englischen und deutschen Kultur des 19. Jahrhunderts, in der die Bakteriologie entstand, hineinzuversetzen, als in die spätmittelalterliche der Italiener, Portugiesen und Spanier, die den Hintergrund der Weltreisen bildete. Das Beispiel zeigt, daß eine im wesentlichen neue Erkenntnis immer eine Wechselwirkung beinhaltet zwischen gesellschaftlich-kulturellem Hintergrund und neuen Erfahrungen, die durch bahnbrechende, wissenschaftlich fundierte Arbeit gewonnen werden. So wurden zum Beispiel zu Beginn des 19. Jahrhunderts, bevor die Bakterien entdeckt wurden, aufgrund allgemeiner Erfahrungen und Vermutungen über Entstehung und Verbreitung der Infektionskrankheiten und inspiriert durch großen Idealismus und soziales Engagement, Maßnahmen für die öffentliche Hygiene in Angriff genommen (Kanalisation, Wasserleitungen usw.). Diese Maßnahmen haben Wesentliches zum Entstehen der heutigen Einsichten beigetragen.[20] Diese spielen außerdem im täglichen Leben jedes Menschen, z. B. beim Verhüten und Behandeln von Infektionskrankheiten, eine größere Rolle, als die Erfahrungen, die mit der Rundheit der Erde zusammenhängen. Auch in dieser Beziehung steht Beispiel zwei der Idee der Reinkarnation, so wie ich sie hier betrachten möchte, näher als das vorhergehende.

Zwei Beispiele aus der Psychologie

Noch näherliegend und in gewisser Hinsicht auch anschaulicher ist die Betrachtung zweier neuer Entwicklungen der Psychologie und

Psychopathologie. Es handelt sich einmal um die «Entdeckung» des Unbewußten durch die Tiefenpsychologie in den ersten Jahren unseres Jahrhunderts.[21] «Entdeckung» steht hier in Anführungszeichen, weil das Unbewußte nicht etwas ist, das für jeden Menschen in gleicher Weise sichtbar oder völlig erfahrbar ist, sondern (bis jetzt noch?) ausschließlich durch Introspektion «wahrgenommen», erkannt und erfahren werden kann. Unserem Empfinden nach handelt es sich bei diesem Beispiel (bis jetzt noch?) um etwas wesentlich anderes, als bei den obengenannten, mit der Erde zusammenhängenden Tatsachen. Die ist ja inzwischen von Raumschiffen aus direkt fotografiert worden und so kann jeder Mensch sehen, daß sie rund ist. Auch das Beispiel der Bakterien hat einen anderen Charakter: die Bakterien können unter dem Mikroskop jederzeit angeschaut werden. Deshalb ist das «Unbewußte» noch kein Faktum, das jeder Mensch anerkennen kann; es ist für viele noch keine eindeutige, erhärtete Tatsache. Gerade das ist der Grund, warum die Diskussion über das Verhältnis zwischen dem Unbewußten als einer Tatsache und den ihm zugrunde liegenden theoretischen Ideen noch in vollem Gange ist. Es sieht auch so aus, als würde sie noch nicht so bald beendet werden können.

Eine ebenso heftige Diskussion, allerdings von anderer Art und mit anderem Inhalt, bei der ebenfalls vorläufig noch kein Ende abzusehen ist, gibt es seit einigen Jahren über die emotionale Vernachlässigung als Ursache von Psychopathien. Dieses Thema habe ich als viertes historisches Beispiel gewählt. Weit bis in unser Jahrhundert hinein, wurde angenommen, daß die tragische Erkrankung, bei der die Entwicklung moralischer Normen unter einem annehmbaren Minimum bleibt, die Psychopathie, eine erblich bedingte degenerative Erkrankung des Nervensystems sei. Glücklicherweise hat der Ausdruck «Lombroso-Typus» für Menschen, die an dieser Krankheit leiden, nur noch historische Bedeutung.[22] Erst mit dem Durchbruch der Einsichten moderner Psychiatrie und Tiefenpsychologie ist deutlich geworden, daß menschliche Beziehungen im ersten Lebensabschnitt die absolute Voraussetzung für die Entwicklung gesunder moralischer Einsichten und Antriebe bilden und daß der Mangel an gefühlsmäßiger Zuwendung in den ersten Lebensmonaten bzw. -jahren die Wurzel für das Krankheitsbild der Psychopathie darstellt.[23]

Inwieweit bei dieser Rolle der frühkindlichen Beziehungen von einer echten Erfahrung gesprochen werden kann, ist ebenso fraglich wie bei der Frage des Unbewußten. Es geht mir bei diesem Beispiel vor allem um die gesellschaftlichen Konsequenzen neuer Einsichten. Die heftigen öffentlichen Debatten über die Behandlung von Psychopathen weisen darauf hin, daß der Streit um das Thema noch lange nicht beendet ist.[24]

Es gäbe noch weit mehr Beispiele, die unser Thema von der einen oder anderen Seite beleuchten könnten. Mir scheinen aber diese vier ausreichend zu sein. Eine Schwäche kann freilich nicht geleugnet werden: Entweder sind sie der Vergangenheit entnommen oder aber veranschaulichen vor allem die Unsicherheit, die bei der Deutung neuer Erfahrungen auftreten kann. Beispiele aus der Gegenwart kann es nicht geben, weil neue Erfahrungen erst nach einer gewissen Zeit zum anerkannten Allgemeingut werden. Und Beispiele aus der Zukunft, die die von mir gewählte Vorgehensweise in bezug auf das Wiederverkörperungsproblem rechtfertigen könnten, stehen natürlich auch nicht zur Verfügung.[25]

Ich meine aber, daß durch das Vorgebrachte deutlicher wird, daß die Erlebnisse einzelner Menschen, die hier zur Unterstützung der *Idee* der Reinkarnation herangezogen werden, überhaupt erst im Zusammenhang mit einer Umwälzung unseres gesamten Menschenbildes als echte *Erfahrungsgegebenheiten* aufgefaßt werden könnten.

Erfahrungen über das Inkarnationsgeschehen als Beitrag zur Konkretisierung der Reinkarnationsidee

Einleitung

Die Erfahrungen, die mich veranlaßten, dieses Buch zu schreiben, wurden mir in den Jahren zwischen 1965 und 1975 bekannt. Sie sind auf den folgenden Seiten in der Reihenfolge wiedergegeben, in der ich sie damals kennenlernte. Sie ähneln sich, unterscheiden sich aber in manchem auch ganz erheblich. Gemeinsam ist ihnen vor allem, daß sie «brauchbar» sind, um die Idee der Wiederverkörperung zu operationalisieren, um von einem vagen, als spekulativ erlebten Begriff zu einer konkreten, für jedermann erkennbaren Erscheinung zu kommen.

Dafür sind sie *brauchbar*, nicht mehr und nicht weniger.

Nicht mehr, weil sie keineswegs einen «Beweis» für die Reinkarnation darstellen («Beweis» steht in Anführungsstrichen, weil man erst durch eine ausgedehnte Diskussion die Beziehung zwischen einem «Beweis» und den Maßstäben, die wir anlegen, um etwas als «Beweis» anzuerkennen, klären könnte[26]). Sie werden ausschließlich deswegen hinzugezogen, weil sie meines Erachtens eindrucksvoll die These stützen können, daß wir schon dann von der Identität eines menschlichen Individuums sprechen können, wenn er, sie oder es sich noch in einem Stadium befindet, in dem es sich uns noch nicht auf die Art und Weise offenbaren kann, die in unserer Kultur für das Kennenlernen eines Menschen die übliche ist. Eine solche Selbst-Identität läßt sich aber nur im umfassenden Rahmen der Reinkarnation sinnvoll einordnen und deuten.

Warum nicht weniger brauchbar? Die sechs folgenden Berichte erscheinen mir zuverlässig und glaubwürdig, und zwar aus Gründen, die zum Teil auf S. 38ff. besprochen werden, zum Teil einer ausführlicheren Erklärung bedürfen, als sie hier vorgenommen wird.[27]

Die Erfahrungen sind – wie gesagt – in vieler Hinsicht verschieden. Von einigen (Nummer 1 und 5) wurde mir merkwürdigerweise von Männern berichtet, die vier übrigen Erlebnisse haben mir Frauen erzählt.

Alle Berichte, außer dem dritten, kommen von Menschen, die sich in gewisser Weise schon mit der Anthroposophie bzw. ganz allgemein mit übersinnlichen Erfahrungen beschäftigt haben oder dafür Interesse zeigten. Die Art und die Intensität, mit der die «Informanten» sich diesem Bereich zugewendet hatten, war bei jedem eine andere. Demzufolge interpretierten sie ihre Erfahrungen anfangs auch sehr unterschiedlich. Gemeinsam war ihnen wieder die Überzeugung, mit den Erlebnissen etwas ganz Wesentliches erfahren zu haben. Die drei ersten hier wiedergegebenen Berichte wurden früher schon einmal veröffentlicht.[28] Daraufhin haben mir verschiedene Menschen ähnliche Erfahrungen mitgeteilt. Drei davon wurden in dieses Buch aufgenommen (Berichte 4.–6.). Die übrigen waren entweder nicht ausreichend detailliert oder derart emotional (im negativen Sinne) bzw. mit unverständlichen Äußerungen «durchmischt», daß ich sie hier nicht wiedergegeben habe. Allerdings brachten sie mir die Einsicht, und zwar besonders die zu ungenauen, daß es sich keineswegs um ausgefallene, «paranormale»[29] Erlebnisse handelt, sondern um Erfahrungen, die jedem Menschen zugänglich sein können (was der Absicht des Textes entspricht: ausgefallene Erfahrungen können nun einmal keine Hilfe für jeden Menschen sein, die Reinkarnation als eine konkrete Erscheinung zu erleben.) Auch dieser Gesichtspunkt wird im vierten Kapitel weiter ausgeführt.

Sechs Erfahrungsberichte aus diesem Gebiet

1. «Ich sah das Gesicht eines kleinen Jungen»

Ich kann mich noch deutlich erinnern, wie ich mein Kind im Moment der Konzeption sah; besser gesagt, im Moment des sexuellen Erlebens, das der Konzeption voranging; aber es ist so eine Erinnerung, wie wir sie von Träumen haben. Es geschah übrigens, während wir beide halb im Schlaf lagen. Ich wußte in dem Moment mit absoluter Sicherheit, daß es geschieht: Ich sah das Gesicht und die Gestalt eines Kindes klar und deutlich vor mir – eigentlich über mir; ich wußte, daß es ein Junge war. Auch der Name, den wir ihm schon lange zugedacht hatten, ging wie ein Blitz durch mich hindurch und ich wußte genau, was das bedeutete.

Ich wußte auch, daß das Bild wieder verschwinden wird, wie das bei allen Traumbildern der Fall ist. Ich habe darum gleich mit aller Kraft versucht, es in meinem Bewußtsein festzuhalten: gleich danach, bevor ich wieder einschlief, und in den folgenden Tagen. Einige Tage später, ich weiß nicht mehr genau wann – es sind jetzt auch ungefähr sieben Jahre her –, war das Überwältigende des ersten Eindrucks verschwunden; die Erinnerung ist aber noch genauso lebendig und überzeugend, wie das Bild selber im Moment des Geschehens.

Es scheint mir wichtig, über die Umstände zu berichten, unter denen es geschah. Wir studierten beide und kannten uns ungefähr drei Jahre. Wir waren mehr oder weniger verlobt und schon oft nachts zusammengeblieben. Wir wendeten keine Verhütungsmittel an, achteten aber auf den Rhythmus des Eisprungs. Wie viele andere, die in ähnlichen Umständen leben, waren wir natürlich ungeschickt und unerfahren in der Sexualität, aber daran ließ sich nichts ändern. Wir fühlten beide Antipathie gegen die gebräuchliche Aufklärung. Soweit ich mich daran im Nachhinein noch erinnere, wahrscheinlich deswegen, weil es da nur um die physische und psycho-soziale Seite der Sexualität geht. Über die existenzielle Seite der Schwangerschaft, mit der ich so stark konfrontiert bin, hört man, soweit ich das weiß, nie etwas.

Im Nachhinein sehe ich in unserem Verhalten ein typisches Beispiel für ein «wishful exposure to unplanned pregnancy» (sich wunschvoll einer ungeplanten, ungewollten Schwangerschaft aussetzen; Anm. d. Ü.), wie es ja typisch sein kann für die Situation, daß eine junge Frau eigentlich gerne ein Kind haben möchte, die sozialen Umstände aber so kompliziert sind, daß sie gleichzeitig unter keinen Umständen schwanger werden möchte. Das unbewußte Verlangen nach einem Kind wird indirekt dann doch wieder stimuliert, dadurch, daß wieder andere soziale Umstände starken Druck ausüben, dem sexuellen Verlangen nachzugeben. Es entsteht so eine tief ambivalente Haltung der Schwangerschaft gegenüber, mit der Folge, daß antikonzeptionelle Mittel nicht sorgfältig angewandt werden.

In der Woche, bevor unser kleiner Sohn zu uns kam, hatten wir in der Schweiz an dem Treffen einer anthroposophischen Studentengruppe teilgenommen, in der wir beide Mitglieder waren. Wir hatten intensiv gearbeitet und interessante Begegnungen und Gespräche gehabt. Wir schliefen in verschiedenen Häusern, und durch die gesamte Atmosphäre dieses Treffens war der sexuelle Aspekt unserer Beziehung ganz aus dem Bewußtsein verschwunden. Als die Tagung vorbei war, wollten wir über das Wochenende noch einen Familienbesuch machen. Wir konnten bei unsern Verwandten nicht übernachten, und es waren für uns im Hotel zwei getrennte Zimmer bestellt worden, so wie es für unsere Familien selbstverständlich war. Als wir abends zum Hotel gingen, sprachen wir darüber, ob wir zusammenbleiben sollten. Eigentlich war das unmöglich. Wir sehnten uns aber sehr nacheinander. Wenn ich daran zurückdenke, kommt es mir so vor, als ob unser Söhnchen irgendwie schon um uns herum anwesend gewesen wäre. Es ist beinahe so, als ob er uns damals tatsächlich zusammengebracht hat, um durch die Konzeption, die dann stattfand, auch leiblich zu uns kommen zu können. Was wir damals nun genau überlegten, weiß ich nicht mehr; jedenfalls lagen wir dann in einem Bett. Wir spielten ein bißchen und beschlossen, einzuschlafen, ohne beieinander gewesen zu sein; das hatten wir schon öfter getan.

Auf einmal wurde ich wach, wir waren so zusammen, wie ich es zuvor noch nie erlebt hatte: – das wurde mir bewußt, bevor es geschah, hatte aber nichts mit einem Orgasmus zu tun. Und in dem Moment, in dem wir ganz und gar verschmolzen, sah ich mein Söhnchen, wie ich es vorher beschrieben habe. Während ich dieses schreibe, taucht vor allem die Erinnerung wieder auf an das sofort anwesende Bewußtsein von der Bedeutung des Bildes: Ich sah buchstäblich, wie er im Moment zu uns kam. Es ist übrigens absolut sicher, daß die Konzeption damals stattgefunden hat; danach sind wir lange Zeit nicht zusammengewesen.

In der Nacht haben wir nicht darüber gesprochen – jedenfalls erinnere ich mich nicht daran. Wir sind gleich wieder eingeschlafen. Ich erinnere mich auch noch daran, wie das Bild in den folgenden Tagen verschwommener wurde, als mich nämlich das Alltagsbewußtsein, in dem kein Platz für solche wesentlichen Erfahrungen ist, wieder ganz in Beschlag nahm. Zurück blieb etwas Unsicheres, so wie das bei allen Träumen der Fall ist: Die Bilder verschwinden ja, sobald wir sie gesehen haben; wenn wir allerdings gut aufpassen, können wir sie, solange sie noch da sind, im Bewußtsein fixieren.

Das habe ich mit diesem Bild gemacht und in dieser Form steht es nun noch vor mir. So hat es mir – und später, als ich es meiner Verlobten erzählte, uns beiden – enorm geholfen, bei den überhasteten Hochzeitsvorbereitungen, die wir treffen mußten. Alles kam sonst äußerst ungelegen; aber die Erinnerung an das, was ich gesehen hatte, ließ alles Zweifeln und Zögern überwinden.

Ich habe es übrigens niemals sonst irgend jemandem erzählt. Mit Absicht. Mir scheint nämlich, daß so eine Erinnerung mit jedem Mal, wo wir davon erzählen, verformt wird. Nachträglich gesehen ist diese Angst vielleicht ein bißchen übertrieben. Es geht vielleicht eher darum, jemanden zu finden, der begreift, was so etwas für einen bedeutet. Vor kurzem habe ich allerdings unserem kleinen Sohn, als er von sich aus über Träume Fragen stellte, erzählt, daß ich, als er zu uns kam, von dem Kommen träumte.

Für mich ist dieses Erlebnis eine der schönsten Erfahrungen meines Lebens, vielleicht auch die allerbedeutendste; denn ich bin mir bewußt, daß ich durch dieses Bild ein wenig über die Grenzen des Irdischen schauen konnte. Später habe ich nie wieder so ein Erlebnis gehabt, auch nicht bei den zwei anderen Kindern, die wir nach dem ersten noch bekommen haben.

2. *«Größer als das Allergrößte und kleiner als das Allerkleinste»*

Die Erscheinung, die ich jetzt noch, 16 Jahre nachdem es geschah, vor mir sehe, besteht in einem spiralförmigen Geschehen. Etwas, das lichter als das Licht ist, etwas – man müßte beinahe sagen: Flokkenartiges, aber auch das trifft nicht genau – bewegte sich langsam der Spirale entlang nach unten. In dem Moment wurde mir die Bedeutung des Geschehens nicht bewußt. Ich merkte wohl, daß es eine einzigartige Erfahrung war, aber es war nichts, was ich kannte; es war etwas, worüber ich mich verwunderte und später mit einer gewissen Befremdung sprach.

Es war noch ein anderes Gefühl da, das sehr viel Ähnlichkeit hatte mit dem bekannten Erlebnis, das, glaube ich, die meisten Menschen aus ihren Kinderjahren kennen: Mit dem Gefühl, kleiner als das Allerkleinste und größer als das Allergrößte zu werden. Das letztere, das Größerwerden als das Allergrößte, erlebte ich damals auch.

Wenn ich so im nachhinein die Umstände, die zu dem Geschehen geführt haben, rekonstruiere, habe ich ganz stark das Gefühl, daß ich es unbewußt gesucht habe. Nach der Schulzeit war ich eine Zeitlang im Ausland gewesen, unter anderem auch in Norwegen. Ich bin in der Zeit verschiedene Beziehungen eingegangen. Eine mit einem viel älteren Mann war von seiner Seite her sehr ernst; er wollte sich mit mir verheiraten. Als ich nach Holland zurückkam, nahm ich einen unmöglichen Job als Sekretärin an bei einem unmöglichen Mann, einem alten Wirtschaftsprüfer in Haarlem. Es bestand eigentlich keinerlei Veranlassung, gerade diesen Job zu nehmen oder nach Haarlem zu gehen – ich wollte das eigentlich überhaupt nicht, es war aber die einzige Stelle, die ich in Haarlem finden konnte. Rückblickend erkenne ich als einzig sinnvolles Motiv dieser seltsamen Wahl das Gefühl, daß ich in Haarlem Peter, meinem Mann, begegnen würde.

Das geschah schon bald. Mir war ein kleines Restaurant genannt worden, das von vielen Leuten, die zur Untermiete wohnten, besucht wurde. Ich erinnere mich noch genau, wie ich den ersten Abend dort hinging. Ich wußte nicht genau, wo es war, fand aber in einer Art Trance, wie von selbst hin. Ich traf dort eine Gruppe von Leuten, die Peter zu kennen schienen. Er selber war am ersten Abend nicht dort. Als ich das dritte Mal hinkam, war er auch da und dieselben Menschen machten mich auf ihn aufmerksam. Er setzte sich neben mich und wir kamen sofort ins Gespräch. Später hat Peter mir erzählt, er hätte schon in diesem Augenblick gewußt, daß wir heiraten würden. Ich selber erlebte bei der ersten Begegnung ein schönes, lichtes, frohes, nicht-irdisches Gefühl; auch in Peter erkannte ich etwas Nicht-Schweres, Nicht-Irdisches. Es war eine Beziehung, wie ich sie noch nie zuvor erlebt hatte; so als würde der Faden einer vorgeburtlichen Erinnerung wieder aufgenommen werden.

In der darauffolgenden Zeit kam ich regelmäßig auf sein Zimmer und bei ganz vielem, was er um sich herum hatte, trat in mir wieder so ein frohes Gefühl auf, ein Gefühl von Dankbarkeit und Erleichterung, daß es so etwas gibt. Ganz bald blieb ich auch zum Schlafen bei ihm und dachte überhaupt nicht an Verhütungsmittel, genau wie bei früheren Beziehungen. Wir achteten höchstens auf den Zyklus.

Als es geschah, war es Tag, ein Sonnabend. Ich kann das spiralförmige Geschehen noch genau vor mir sehen. Nein, mit einem Orgasmus hatte das Erlebnis nichts zu tun, auch nicht mit anderen körperlichen sexuellen Gefühlen. Ich war damals mit diesen Erfahrungen lange genug vertraut, um das ganz sicher sagen zu können. Ich kann mich nicht mehr daran erinnern, wie der Zusammenhang zwischen körperlichen Erlebnissen und dem spiraligen Gefühl war. Vielleicht kam es dieses Mal gar nicht zu einem Orgasmus. Erst trat die Spirale auf, später das Gefühl der Ausdehnung, das ich schon erwähnte. Dieses blieb allerdings nur ziemlich kurz. Das Erleben einer Spirale, an der etwas herniederkam, blieb viel länger, stundenlang. Ich erinnere mich, daß ich es später, auf der Zugfahrt nach Hause, immer noch empfand. Die Bedeutung begriff ich nicht gleich; mir war aber bewußt, daß eine entscheidende Veränderung vor sich gegangen war. Ich hatte nie Angst davor, ein Kind zu bekommen; vielleicht weil ich sehr frei erzogen worden bin. An den bekannten körperlichen Erscheinungen wurde mir schnell bewußt, daß ich schwanger war.

Wie ich darauf gekommen bin, zwischen diesem Erlebnis und der Konzeption einen Zusammenhang zu sehen, weiß ich nicht mehr. Irgendwann wußte ich plötzlich, daß die Spirale bedeutete, daß er in diesem Moment zu mir kam. Übrigens ist es absolut sicher, daß die Konzeption nicht ein anderes Mal stattgefunden haben kann.

3. *«Ich will bei dir geboren werden»*

Erst bei unserem dritten Kind, vor zwanzig Jahren, hatte ich zum erstenmal das Gefühl, daß ein Kind schon in irgendeiner Weise anwesend war, bevor ich schwanger war. Vielleicht hängt es damit zusammen, daß wir das dritte nicht bewußt gewollt hatten.

Mein Mann und ich hatten uns im Krieg kennengelernt und eine Familie mit zwei Kindern «geplant» – soweit das Wort, das ich übrigens als unangenehm empfinde, überhaupt passend ist. Denn in den kirchlichen Kreisen, aus denen wir beide kamen, war es damals tabu, über ein «Planen» der Kinderzahl überhaupt zu sprechen. Mein Mann war allerdings progressiver in diesen Dingen als ich. Anfangs wendeten wir keine Verhütungsmittel an, wir übten nur die periodische Enthaltsamkeit. Das ging sehr gut. Ich konnte immer ganz genau fühlen, wann meine fruchtbaren Tage waren. Erst wurde ein Mädchen, dann, als zweites Kind, ein Junge geboren. Ich weiß noch gut, daß ich darüber erst einmal unglücklich war. Es war zur Zeit des Koreakrieges und ich hatte das Gefühl: «So ein Junge ist doch nur für den Krieg da.» Im allgemeinen hatten wir damals – und wahrscheinlich nicht nur wir alleine – so ein bißchen das Gefühl, daß der Krieg bald auch hierher käme; und was sollen dann kleine Kinder in der Familie?

Beim dritten Kind, das, wie gesagt, nicht geplant war, habe ich ganz stark das Gefühl gehabt, von irgend etwas dazu gezwungen zu werden, das Kind zu bekommen. Ich erinnere mich dessen aber nicht so, wie bei dem letzten. Ich entsinne mich wohl, daß ich damals plötzlich wußte: jetzt meldet sich das dritte Kind. Das war so ein Augenblick, in dem man einen Auftrag gehorsam ausführt; wenn auch mehr oder weniger wider Willen und gegen den gesunden Menschenverstand. So ging es mir damals. Was das vierte betrifft, so habe ich diesbezüglich keine Erinnerung; das kommt daher, daß ich in der Schwangerschaft von Anfang an sehr krank war. Ich dachte, ich hätte Röteln, war schrecklich besorgt und machte mir die schlimmsten Gedanken. Eine Freundin sagte: Du mußt etwas machen lassen! Aber unser Hausarzt war vernünftig und sagte: Wenn mit dem Kind wirklich etwas nicht in Ordnung ist, kommt es von alleine zu einer Fehlgeburt. Es ist dann alles gutgegangen. Und als das feststand, war ich mit dem Kind genauso froh wie mit allen anderen. Weil ich während der ganzen Schwangerschaft in der Unsicherheit gelebt hatte, habe ich das Gefühl: «Hier will ein Kind geboren werden», das damals vielleicht auch schon da war, jedenfalls so beiseitegedrängt, daß ich mich heute an nichts mehr erinnere.

Ganz deutlich lebt in mir die Erinnerung an die Beziehung, die ich schon mit einem Kind hatte, bevor ich zum fünften und letzten Mal schwanger wurde. Mein Mann und ich hatten ganz klar abgesprochen, daß das vierte das letzte sein sollte. Wir hatten schon einen Rahmen mit Fotoportraits von den vier Kindern machen lassen. Das tut man doch nicht, wenn mit der möglichen Ankunft eines fünften Kindes gerechnet wird! Übrigens meinte auch der Gynäkologe, bei dem ich in Behandlung war, daß es besser wäre, keine Kinder mehr zu bekommen. Ich fühlte mich auch schon zu alt dazu; ich war damals beinahe vierzig.

Da kam ein Moment, in dem ich ganz sicher wußte: Da ist noch ein Kind, das in unserer Familie leben will. Ganz deutlich spürte ich einen Auftrag; nicht von Gott, oder von mir oder so, sondern von einem konkreten, individuellen Wesen. Es hatte noch nicht die Formen eines Kindes. Es war auch nicht so, daß ich etwas sah oder eine Stimme hörte; ich spürte aber einen Auftrag von diesem Wesen, eine Forderung: «Ich will bei dir geboren werden.»

Das war an einem Sonntagnachmittag. Ich hatte mich gerade hingelegt; ich hatte abgemacht, später jemanden mit dem Auto wegzubringen. Mein Mann kam mit einer Tasse Tee nach oben und ich sagte: «Ich will noch ein Kind.» Damals muß tatsächlich etwas in mir gewirkt haben, daß ich ihn dazu bewegen konnte. Keiner von uns beiden wollte ein fünftes Kind; außerdem tut man das nicht mal eben tagsüber, wenn eine Verabredung wartet und Kinder im Haus sind. Ich wußte aber: das Kind muß jetzt kommen. Auch das Zusammensein war anders, vollkommener, als ich es zuvor jemals erlebt hatte.

Diese Erfahrung hat für mich eine große Bedeutung gehabt, obwohl mir nie ganz klar wurde, was für einen Sinn sie nun genau in sich birgt. Ich habe schon mit meinem Mann darüber gesprochen; er konnte aber wenig damit anfangen. In unserer Umgebung war eigentlich auch kein Mensch, mit dem ich darüber sprechen konnte. Solche Erfahrungen paßten nun einmal nicht in das Denkschema der Menschen, denen ich begegnete. Wahrscheinlich ist deswegen die Erinnerung auch verschwommener, als sie es sonst geworden wäre. Den Kindern habe ich das Erlebnis allerdings später einmal erzählt, mehr so als Anekdote, nicht so sehr als eigene Erfahrung, der ich einen Sinn geben könnte. Ich habe mich auch gefragt, ob mit dem Kind, mit dem ich das erlebt habe, irgend etwas Besonderes ist; ich habe aber niemals so etwas feststellen können. Allerdings hatte ich während der Schwangerschaft mit dem fünften Kind ganz stark das Gefühl gehabt: Mit diesem Kind kann ich später viel Schönes ansehen; und sie ist auch die einzige von den Fünfen, die ausgesprochen künstlerisch-schöpferisch begabt ist. Das kann sie weder von meinem Mann noch von mir haben.

4. *«Ich redete immer von ‹ihnen›»*

Es war 1944, nach dem «tollen Dienstag» (dem Tag der Invasion in der Normandie; Anm. d. Ü.) und wir meinten, die Befreiung sei nun so nahe, daß es zu verantworten sei, ein zweites Kind hinzu zu bekommen. Es kam ja anders; als ich aber ungefähr acht Wochen später meinte schwanger zu sein, suchte ich meinen Hausarzt auf.

Er konnte noch nicht viel sagen. Ich fragte ihn, ob er vermuten könne, daß ich Zwillinge erwartete. Er fand die Frage ziemlich seltsam und fragte dann selber, ob ich es denn so gerne wollte.

Ich fand das durchaus keine schöne Aussicht, bemerkte aber, daß daran nichts zu ändern wäre. Ich war sicher, daß es Zwillinge waren und sprach ständig von «ihnen». Der Hungerwinter war eine bedrückende Zeit. Mein Mann war sehr schwermütig und bis zum März 1945 hatte ich Untergetauchte (d. h. Leute, die sich vor den Nazi-Besatzern verbergen mußten; Anm. d. Ü.) im Haus – das war alles nicht so heiter. Das Seltsame war, daß ich trotz meines Hungers und der Sorgen sehr glücklich war – als würde ein Licht, ein Freudenfeuer in mir brennen. Aus jeder noch so unmöglichen Situation ließ sich ein Ausweg finden und ich lebte in innigem Kontakt mit meinen «Zwillingen». Wenn ich manchmal dachte: «Vielleicht sterbe ich vor Hunger», war ich sehr ruhig und wußte, daß wir dann zu dritt dasselbe Los hätten und zusammen wären. Ich erwartete die Geburt im Juni, aber meine Zwillinge wurden im April geboren, jeder der beiden wog 2½ Pfund. Der Hausarzt half mir bei der sehr einfachen Geburt und war, als es nun deutlich zwei waren, baß erstaunt. Bei keiner seiner Voruntersuchungen hatte er das feststellen können, obwohl ich immer gefragt hatte, ob er nicht zwei Herztöne hörte. Ich sagte dann auch regelmäßig: «Es müssen eineiige Zwillinge sein.» Sie waren es nicht. Es war ein Junge und ein Mädchen. Obwohl ich 1937 während der ersten Schwangerschaft auch sicher war, einen Jungen zu tragen – es war dann auch ein Sohn – war dieser vorgeburtliche Kontakt in den Jahren 1944/45 ein ganz anderer, viel bewußter. Ich hatte das Gefühl, «Instrument» zu sein, die ganze Menschheit zu tragen. Vielleicht kam das daher, daß wir in dieser schwierigen Zeit viel intensiver lebten, viel näher dem Tod und dem Lebens, – intensiver, weniger durch unnötige Dinge abgelenkt.

5. «Out of the Body»

Immer geht es bei derartigen Erfahrungen des Gefühls, außerhalb seines Körpers zu sein, um Frauen. Ich habe nun selber ein besonders eindrucksvolles Erlebnis gehabt, mit dem Unterschied, daß ich ein Mann bin. Während meiner Erziehung in Holland war ich besonders liberal-protestantischen und humanistisch-agnostizistischen Einflüssen ausgesetzt, so daß mich diese Erfahrung wie ein Blitz aus heiterem Himmel traf. Nur weil ich ein Jahr vorher in Koestlers «The Roots of Coincidence» (Die Wurzeln des Zufalls) so etwas gelesen hatte und einen Lesehunger auf alles hatte, was mir während der Erziehungsjahre nicht erzählt worden war, war ich in der Lage, diese Erfahrung ein bißchen aufzufangen.

Meine Frau und ich haben ein Töchterchen, das Anfang 1972 geboren wurde. 1973 ist ein Söhnchen zu früh zur Welt gekommen und ist am gleichen Tag wieder gestorben. Am 15. Februar 1974, um 2.00 Uhr morgens, wurde ich durch eine Erschütterung wach. Eine Welle flutete durch meinen Leib, auf und nieder, vom Kopf bis zu den Füßen, mit einer Geschwindigkeit, die zu vergleichen wäre mit einer Welle, die mit der Hand in Längsrichtung einer Badewanne gemacht werden kann. Ich hatte noch nie so etwas gefühlt und war ängstlich. Dann dachte ich: Sollte das der Beginn einer sogenannten «Out-of-the-Body-Erfahrung» sein? (Als kleiner Junge von sieben Jahren habe ich so etwas während einer Chloroformnarkose bei der Mandeloperation erlebt. Außerdem hatte ich einen Monat vor dem Erlebten etwas darüber gelesen.) Dann wurde ich ruhig und «kooperativ» und spürte auf einmal, daß etwas im Schlafzimmer außer mir selber und meiner Frau «anwesend» war. Dieses «Anwesende» war unser fünf Monate vorher verstorbenes Söhnchen, das mir – wortlos – erklärte, es sei jetzt der richtige Moment für ihn, um empfangen zu werden. Ich habe meine Frau geweckt und ihr am nächsten Tag erklärt, daß sie in dieser Nacht mit einem Söhnchen schwanger geworden sei, das – genau wie der kleine Junge, der gestorben war – dunkles Haar und eine gerade Nase hatte. (Unser Töchterchen ist blond, mit einer Stupsnase.) Meine Frau, die in einem atheistischen Milieu aufgewachsen ist, glaubte kein

Wort. Es war zeitlich nicht die Mitte zwischen zwei Menstruationen. Der Gynäkologe hatte auch noch nichts feststellen können. Sicherheitshalber hat sie jedoch darauf geachtet, keine Kopfschmerz- oder Schlaftabletten zu nehmen, die für schwangere Frauen schädlich sind. Am 10. November wurde unser Söhnchen geboren, mit dunklem Haar und gerader Nase. – Noch ein Detail, das vielleicht von Bedeutung ist. Am Abend des 14. Februar hatte ich mit Bromoform gearbeitet (einer chemischen Substanz, die zum Trennen von Schwer- und Leichtmetallen gebraucht wird), ganz kurz nur; früher hatte ich ganze Tage damit gearbeitet, immer ohne jegliche Folgen. Meines Erachtens habe ich auch einige Male Bromoform direkt inhaliert, auch ohne Folgen; es ist deswegen erwähnenswert, weil es die gleiche chemische Formel hat wie Chloroform, mit Brom statt Chlor.

6. *«Ich sehe ihn noch genau vor mir»*

Bei meinem zweiten Sohn war es am stärksten. Schon zu Beginn der Schwangerschaft sah ich ein klitzekleines Männchen in einem grünen Wams mit einer roten Zipfelmütze. Es führte mich durch die vier Kammern meines Herzens und erklärte mir, wie es funktionierte. Ich sehe es noch genau vor mir. Ein anderes Mal führte es mich durch die Windungen des Gehirns und ließ mich den Aufbau, die Struktur des Gehirns sehen. Es war ein Elementarwesen, nicht mein Sohn, dessen Anwesenheit ich schon von Beginn an erlebte. Das aufgeweckte Männchen hatte aber mit dem Wesen meines Sohnes etwas zu tun. Der studierte später Medizin. Schon als er noch in der Wiege lag, sagten die Freunde, die kamen, um ihn zu sehen: Der wird einmal Arzt!

Bei meinem ältesten Sohn, der jetzt Priester ist, war es ganz anders während der Schwangerschaft; ich spürte in der Zeit immer wieder den Drang, in alte Kathedralen und Kirchen zu gehen. Und in der Münchener Liebfrauenkirche, als ich das Kind drei Monate unter dem Herzen trug, fühlte ich zum ersten Mal eine kräftige Bewegung von ihm.

Mit dem dritten Kind, unserer Tochter, war es wieder ganz anders. Oft sah ich im Schlaf, nicht träumend, sondern ganz bewußt, Figuren in bunten Gewändern, die sich in besonderer Weise bewegten, jede in einer anderen Farbe. Als ich dann zum ersten Mal Eurythmie sah, erkannte ich Farben und Bewegungen; ich hatte damals noch nichts von Eurythmie gehört. Später ist unsere Tochter Eurythmistin geworden.

Während der Schwangerschaft beim vierten Kind fühlte ich eine Art Zwang, wenigstens einmal in der Woche ins Theater zu gehen ... Noch am letzten Abend vor der Entbindung sah ich ein Stück von Heijermans und vergoß Tränen der Rührung. Der Junge ist Schauspieler geworden. Übrigens hatte er sich mir schon drei Jahre vor seiner Geburt, im hellen Schlafbewußtsein, vorgestellt und seinen Namen genannt. Damals sah er wie ein kleiner Junge von drei Jahren aus, genauso, wie er dann im Alter von drei Jahren wirklich ausgesehen hat.

Bilder und Worte

Soweit die sechs Berichte. Sie stellen die beste Dokumentation dar für die Gedankengänge, die ich hier entwickeln will. Sie könnten durch verschiedene andere, kürzere und dadurch weniger aussagekräftige Berichte ergänzt werden, aus denen ich nur zwei mehr allgemeine «Inhalte» darstellen möchte, weil sie häufiger als andere vorzukommen scheinen, nämlich die «Ankündigung» oder das Vorgefühl, das hellsichtige Wahrnehmen, daß das Kind «nicht in Ordnung» sein wird, wonach tatsächlich ein körperlich bzw. geistig behindertes Kind geboren wird, – und der Eindruck, daß – nach einer Fehlgeburt – dasselbe Kind in einer darauffolgenden Schwangerschaft wiederkommt.[30]

Ein anderer Bericht, der nur zum Teil in den Rahmen meiner Ausführungen paßt, aber aus anderen Gründen äußerst anschaulich und aufschlußreich ist, handelt von der vierten Schwangerschaft einer Frau, die folgendes mitteilt: «Aus unerklärlichen Gründen wußte ich plötzlich, daß ich schwanger war. Das war von meinem Menstruationstermin aus gesehen kaum zu erwarten. Aus Sorge, sie könnten schädlich für das Kind sein, hörte ich sofort auf, die Medikamente einzunehmen, die ich wegen einer lästigen, aber harmlosen Hauterkrankung schluckte. Aus Gründen, an die ich mich jetzt nicht mehr erinnere, meinten mein Mann und ich damals, es wäre ein Mädchen. Es war übrigens ein Gedanke, in dem ein kleiner, wenn auch nicht bedeutender, kaum bewußter Wunsch im Hinblick auf unsere Familienkonstellation lebte. Wir hatten auch schon den Namen bedacht: Ingeborg. Als es soweit war, war es wieder ein Junge! Das tat der Freude über sein Kommen keinerlei Abbruch. Im nachhinein konnte ich auch herausfinden, warum ich mich so geirrt hatte. Ich hatte in Wirklichkeit damals, ganz unbewußt, nicht so sehr den Eindruck von einem Mädchen, sondern das Erlebnis eines Lichtwesens gehabt; ich meine nicht irgendeinen anonymen Lichteindruck, sondern das Bild von einem lichten Kindergesicht, von blonden Locken umrahmt. Ich sah auch schon den klaren Augenaufschlag – oder besser gesagt: ich hatte schon ein Bild davon –, den das Kind ungefähr von seinem ersten Lebensjahr an haben würde. Bei der Suche nach dem Namen kam ich auf ‹Ingeborg›, die ‹Lichttragende›. Es gibt auch eine männliche Form ‹Ingemar›, sie ist aber in Holland so ungebräuchlich, daß ich sie gleich wieder unbewußt verworfen habe. (Wir haben auch bei den anderen Kindern Namen gewählt, die in Holland einigermaßen geläufig sind.) Das Versehen kam also in dem Moment zustande, in dem ich den Eindruck in Worte ‹übersetzen› wollte. Wie stark der Eindruck selber in mir lebendig war – und wie richtig er war, zeigt sich an der Zeichnung, die ich für seine (eigentlich müßte ich sagen ‹ihre›) Geburtsanzeige machte – ich habe für alle unsere Kinder eine Zeichnung für die Geburtsanzeige gemacht. Sie stellt eine kleine, kindliche Lichtgestalt dar, etwas verschwommen und schattenähnlich von den drei älteren Kindern umgeben. Unser vierter ist nun tatsächlich ein äußerst lebhaftes, flinkes, blondes Männlein mit klaren, blauen Augen. Übrigens verlief auch die gesamte Schwangerschaft äußerst ‹leicht›. Der dritte zum Beispiel, während dessen Schwangerschaft ich mich besonders zum Ende hin, wie man so sagt, ‹schwer wie eine Kuh› fühlte und dessen Geburtsanzeige auch mit einem viel mehr pflanzenartigen, erdennahen Motiv versehen wurde, ist – nein war – auch so lange viel träger, ‹großköpfiger›, bis er von seinem kleinen Brüderchen ‹mitgenommen› wurde.»

Die besondere Bedeutung dieses Berichtes liegt darin, daß hier sichtbar wird, wie die «Information» über das Kind, das die Frau trägt, in Bildern oder noch verschwommener: in kaum bewußten Eindrücken, auftaucht und wie bei dem Bewußtmachen und der Wiedergabe in Worten Fehldeutungen entstehen können.

Der Charakter des im Moment seines Auftretens schon ganz und gar einleuchtenden Bildes, den diese Erlebnisse häufig haben, kommt auch in der sehr intensiven und wachen Erfahrung zum Ausdruck, die mir ein Mann von der ersten Begegnung mit seiner späteren Frau berichtete: «Wir standen weit entfernt voneinander in der Vorhalle, als sich unsere Blicke zufällig trafen; ein Lichtblitz ging von Auge zu Auge und in diesem Lichtstrahl waren die noch ungeborenen Kinder, die wir bekommen würden, intensiv anwesend».[31]

Erläuterungen zu den Erfahrungsberichten

Ich veröffentliche die hier abgedruckten Berichte deshalb, weil die darin enthaltenen Erfahrungen die Idee der Reinkarnation stützen (können). Allerdings muß ich sagen, daß sie ihre unterstützende Funktion nicht so ohne weiteres erfüllen. Eine Fülle von Einwänden, abweisenden Reaktionen und alternativen Interpretationen sind hinsichtlich dieser Erfahrungsberichte möglich. Die drei wichtigsten will ich hier kurz besprechen. Ich erwarte nicht, alle kritischen Einwendungen widerlegen zu können. Ich hoffe allerdings, zu erreichen, daß einige Leser es der Mühe wert finden, sich noch weitere Gedanken über das Thema zu machen.

Echtheit der Erfahrung

Als erster Einwand kann angeführt werden, daß die Berichte einem kaum abgrenzbaren Gebiete angehören, welches gleitende Übergänge aufweist zu reinen Erfindungen und Betrug einerseits, zu gutgläubigen nachträglichen Interpretationen von Autosuggestionen und Illusionen andererseits. Zwischen diesen Extremen liegen auch der Selbstbetrug und ein etwas überspanntes Phantasieleben, sei es nun kreativ oder nicht. Es wird nicht viel Sinn haben, diese Einwände sorgfältig zu widerlegen. Ich maße mir nicht an, Kritiker, die diese Deutung wählen, mit meinen Argumenten zu überzeugen. Ich kann nur ganz allgemein darstellen, warum ich persönlich eine derartige Interpretation der Erfahrungsberichte verwerfe. Ich tue das aus dem Grunde, weil ich beim Anhören das Gefühl der «Selbstverständlichkeit» erlebe. Ich glaube, daß wir ganz allgemein ein Organ dafür entwickeln können, ob derjenige, mit dem wir über ein subtiles Thema sprechen, das die Erfahrung nur eines der beiden Gesprächspartner zum Inhalt hat, nur schwätzt, ob seine Erzählung mit Produkten aus dem Bereich der Illusionen oder des Betruges vermischt ist, oder ob – erfolgreich oder nicht – ehrlich danach gestrebt wird, Erfahrungsinhalte zu vermitteln, die als eine Realität erlebt wurden. In gewissem Maße hat jeder gesunde Mensch diesen Sinn. Auch zur Verständigung über Themen, die beide Gesprächspartner aus eigener Erfahrung kennen, ist dadurch der Inhalt für jeden von ihnen mehr oder weniger kontrollierbar. Der Unterschied besteht nur darin, daß in den zuletzt genannten Fällen die Information, die dieser Sinn uns gibt, ständig mit unserem Urteil über die Aspekte des Gesprächsinhaltes verglichen wird, die wir unmittelbar, ohne von unserem Gesprächspartner abhängig zu sein, kontrollieren können. Eine inhaltliche Kontrolle solcher Art ist bei den oben aufgeführten Berichten nicht möglich, wenigstens keine direkte. Es können aber einige allgemeine Eigenschaften dieser Schilderungen als Argumente für ihre Realität angeführt werden, z. B. die Genauigkeit, die Treffsicherheit, die Detailliertheit und die Reaktionen auf meine Fragen (die in dieser Fassung allerdings nicht wiedergegeben sind). Das alles verstärkt doch einigermaßen den Eindruck, den ich während der Gespräche hatte; nämlich, daß die «Informanten» eine authentische Erfahrung vermittelten, die ihrem Empfinden nach Realität enthielt.

Dieser persönliche Eindruck ist natürlich für andere ebensowenig nachprüfbar, wie der Inhalt der beschriebenen Erlebnisse selber. Wer es nicht glaubt, den kann ich nicht mit Worten von seiner Skepsis befreien. Kritiker, die ihre abweisende Haltung hieran festmachen, werden höchstens dann nach einiger und vermutlich ziemlich langer Zeit anders urteilen, wenn – hoffentlich – mehr und mehr überzeugende Berichte in Umlauf kommen.

Bild und Wort

Die Berichte beziehen sich also auf Erfahrungen, die, rein als Erlebnis gesehen, von den Betreffenden zu Recht als real, als echt akzeptiert werden. Das sagt allerdings noch nichts aus über den Inhalt der Erlebnisse selber – womit ein zweiter wichtiger Einwand genannt ist. Wenn wir auf ihn eingehen wollen, müssen wir verschiedene Aspekte in der Beziehung zwischen echter Erfahrung und dem begrifflichen Hintergrund für ihre Deutung unterscheiden. Zuerst müssen wir die «Übersetzung» der Erfahrungsinhalte in Worte betrachten. Die Erlebnisse haben sich primär in Bildform dargestellt oder als vager Eindruck, etwas zu «wissen», in keinem einzigen Fall jedoch in Worten (abgesehen von dem Namen des Kindes in Bericht Nr. 1 und 6), nicht einmal in Form von begleitenden verbalen Informationen. In einigen Fällen (etwa bei 1, 2 und 6) war dieser bildhafte Charakter viel stärker als in anderen. In allen aber ergibt sich die Frage, inwieweit sich die wörtliche Wiedergabe und der Inhalt der Erfahrung vollständig und genau «decken». Die Gefahr, Erlebnisse unzutreffend zu deuten, wird in einleuchtender Weise anhand der Analyse aufgezeigt, die eine «Informantin» auf S. 37 von der falschen Deutung einer vorgeburtlichen Erfahrung vorgenommen hat. Weil der Bericht so außerordentlich prägnant beschreibt, welche Probleme hier vorliegen, weil er zudem eine Voraussage enthält – durch das Detail der Zeichnung auf der Geburtsanzeige – und insofern, bis zu einem bestimmten Grade, beweisenden Charakter hat (vgl. Anm. 26), möchte ich die ganze Problematik des «Übersetzens» und Deutens von Bildeindrücken und Bilderlebnissen in und mit Worten, worauf ich hier allerdings nicht näher eingehen kann, als das «Ingeborg-Phänomen» bezeichnen.

Die Beziehung zwischen unserer Erkenntnis als solcher einerseits – ob sie sich nun in wahren Bildern oder in anderer Art vorstellt – und den Worten, mit denen wir unsere Erkenntnis anderen mitteilbar machen, andererseits stellt ein grundlegendes Problem dar, wenn wir die Wege des Erkennens und Wissens nachvollziehen und verstehen wollen. Es tritt keineswegs nur im Zusammenhang mit unserem Erkennen von Phänomenen auf, die mit dem Jenseits bzw. dem vorgeburtlichen Leben zu tun haben, wenn es auch auf diesem Gebiet besonders ausgeprägt ist. Jeder kennt das Problem aus eigener Erfahrung, z. B. wenn versucht wird, anderen Menschen einen Traum in Worten mitzuteilen: die Bilder entwischen genau in dem Moment, in dem wir sie festhalten wollen. Vielen Menschen ist auch das gleichsam daran anschließende Phänomen bekannt, daß nicht nur die Bilder, sondern auch die Erinnerung an sie und dann auch an das Gefühl der aufgetretenen Spannung, das entsteht, wenn wir den Traum nicht nacherzählen können, verschwinden und vergessen werden. Es ist also nicht verwunderlich, daß dieses Problem auftritt, – ganz gleich von welchem Bereich aus wir uns dem Gegenstand der Betrachtung nähern: dem der Berichte, die nachtodliche Erfahrungen und andere «paranormale» Erlebnisse bzw. parapsychologische Gebiete zum Inhalt haben, dem der Anthroposophie oder dem der Philosophie, besonders der Erkenntnis- und Wissenschaftstheorie.[32]

«Identität»

Das dritte und letzte Gegenargument, das ich hier besprechen möchte, ist der Vorwurf, die Deutung der Erlebnisse durch Begriffe wie «Identität» (in unserem Fall die Identität des Kindes, auf das sich die Erfahrung bezieht) sei nicht hinreichend untermauert, also zu spekulativ. Über «Identität» ist schon sehr viel geschrieben worden, von Philosophen, Psychologen, Soziologen, Biologen und Wissenschaftlern anderer Fachgebiete. In diesem kleinen Buch näher auf all dies einzugehen, würde zu weit führen. Davon abgesehen haben die anerkannten wissenschaftlichen Untersuchungen über das Identitätsproblem eine große Schwäche, die sie für unsere Zwecke nahezu unbrauchbar macht: Sie sind alle vollkommen bruchstückhaft – es gibt philosophische Betrachtungen *neben* psychologischen, und die stehen wieder *neben* den biologischen. Von einer Integration der verschiedenen Ansätze zu einem umfassenden Begriff von Identität ist noch kaum etwas wahrzunehmen, obwohl die meisten Autoren mehr oder weniger informiert darüber sind, was auf anderen Fachgebieten geschieht.[33]

Ganz allgemein kann über die Frage der Identität folgendes gesagt werden: Jeder mit gesundem Verstand begabte Mensch kann «ich» sagen und weiß dann auch mehr oder weniger, was das bedeutet, – wobei diese Bedeutung für jeden eine andere ist. Das Wesentliche dieser individuellen Bedeutung kann natürlich nicht in allgemein gültigen Worten ausgedrückt werden; denn sie ist – wie schon gesagt – für jeden Menschen eine andere. Die allgemeinen Aspekte des Wortes «Ich» können innerhalb unserer westlichen Kultur ungefähr so umschrieben werden: «Ein aus dem Innersten heraus als solches entstehendes Selbstbewußtsein». Oder: «Ein unmittelbar innerlich als solches erfahrbares Selbstbewußtsein». Weiterhin erkennt unsere Kultur als unbestrittene Tatsache an, daß wir auch unsere Mitmenschen, mit denen wir ja primär von außen in Verbindung treten, als «Träger» eines Ich erleben. Wir gehen also intuitiv davon aus, daß sie die gleiche «Ich-Erfahrung» haben wie wir auch.

«Identität» nenne ich nun die Ganzheit, die von diesen beiden Aspekten der «Ich-Erfahrung» gebildet wird und die mehr ist als nur die Summe ihrer beiden Bestandteile. Ein Problem besteht darin, daß auch äußerst selbstbewußte Menschen erst von einem bestimmten Alter an «ich» sagen können. Die Möglichkeit, das Ich – sich selbst – von innen heraus zu erfahren, kommt also erst im Laufe der Biographie zustande. (Das Problem der Schwachsinnigen und in anderer Weise geistig Behinderten lasse ich hier außer acht: Sie kennen eine derartige «Ich-Erfahrung» nicht oder nur in stark abgeschwächter oder gestörter Form bzw. – und das ist ein wichtiger Vorbehalt – können sich zumindest nicht darüber äußern!)

Es stellt sich also die Frage, wann diese Identität entsteht, was sofort eine zweite Frage nach sich zieht, nämlich die, wie lange sie bestehen bleibt. Daran wiederum schließen sich Fragen an nach dem Wo und Wie ihres Entstehens und Vergehens. Die offizielle wissenschaftliche Auffassung darüber geht etwa dahin, daß die biologische «Basis», der Keim oder das «biologische Substrat» eines Menschen, bei der Konzeption entsteht. Die Art und Weise des Entstehens wird je nach der Betrachtungsweise durch folgende vier Aspekte erklärt (zwischen denen fließende Übergänge bestehen!):

1. Rein zufällige Faktoren (d. h., daß wir sie mit den uns heute zur Verfügung stehenden wissenschaftlichen Methoden nicht erfassen können).
2. Gesetzmäßigkeiten, die statistisch analysiert werden können.
3. Genau bekannte Mechanismen.
4. Unsere eigenen Handlungsweisen (d. h. die der Eltern der entstehenden Menschen), die uns – im Prinzip – bekannt und durchaus verständlich sind.

Dieser biologische Keim geht eine Verbindung mit der Umgebung ein. Diese besteht anfangs ausschließlich aus der Körperlichkeit der Mutter. Der Begriff «Körperlichkeit» umfaßt hier auch die psychologischen Faktoren, die dabei eine große Rolle spielen.[34] Nach neun Monaten öffnet und erweitert sich das Milieu, – nun bestimmen die unmittelbar aus der irdischen Umgebung kommenden Eindrücke und Einflüsse (Sinneseindrücke, Atemluft, Nahrung) mit, was mit dem neuen Menschenkind geschieht; dabei ist auch das psychologische Milieu wieder von großer Bedeutung. Diese, und ausschließlich diese, in zwei Kategorien einzuteilende Ursachengruppen (biologisch-materielle und psychologisch-soziale, immaterielle) bestimmen – laut der anerkannten Meinung – die menschliche Identität.

Mit dieser Vorstellung ist der große Vorteil verknüpft, die «Identität» mit Hilfe der anerkannten wissenschaftlichen Methoden untersuchen zu können. Sie zeigt gleichzeitig, wo die Grenzen unseres gewöhnlichen Denkens liegen und wie weit wir mit den gängigen Erkenntnissen kommen. Sie hat aber auch eine bedeutende Schwäche und Einseitigkeit. Denn wie auf S. 17 gesagt wurde, beinhaltet unser Bewußtsein – und umso mehr unser Selbstbewußtsein – ja ein Moment der Unzerstörbarkeit und Zeitlosigkeit, scheint also nicht per se und für alle Zeiten an die zweifellos vergängliche Basis, die unsere «Ich-Erfahrung» ganz sicher mitbestimmt, gebunden zu sein. Ich vermute, daß dieser Aspekt der Unsterblichkeit und Zeitlosigkeit in dem (intuitiven) Lebensgefühl sehr vieler Menschen ausgesprochen tief und fest verankert ist. Diese Vermutung wird durch die Beschreibung und die Analyse des in Anm. 13 erwähnten Artikels gestützt, aber auch durch viele andere neuere und ältere Publikationen, die sich mit dem Tod, dem Sterben und unserem Verhältnis dazu auseinandersetzen. Da sich diese Erlebnisse nun ganz und gar nicht mit den in unserer Kultur herrschenden offiziellen Vorstellungen über die Identität in Einklang bringen lassen, handelt es sich mehr oder weniger um einen «blinden Fleck» in uns.[35] Er befindet sich in einem unkontrollierbaren, vakuumähnlichen Bereich unseres alltäglichen, wachen, hellen (Selbst-)Bewußtseins, einem «Ort», an dem sich vielerlei Spekulationen, Phantasien, Einbildungen, Illusionen, Wunschträume und andere irreale geistige Gebilde finden. Die Projektion einer, der Phantasie entsprungenen, Identität eines Kindes in dieses Vakuum hinein paßt gut in einen solchen Rahmen, wobei eine derartige Phantasie für jemanden, der während seiner Erfahrung selber unmittelbar an der Entstehung eines Kindes beteiligt war – wie z. B. die Urheber der vorliegenden Berichte – eine naheliegende Tatsache ist. So lautet das dritte Gegenargument, das nicht so einfach zu widerlegen ist wie die ersten.

Zwei Argumente stehen mir zur Verfügung: Das erste und stärkste, das ich für meine Deutung anführen kann, stützt sich auf die mehr oder weniger ausgeprägte voraussagende Kraft der beschriebenen Erfahrungen. Dieses Argument ist natürlich auch wieder kein Beweis. In der Wissenschaftsgeschichte sind nämlich viele Beispiele dafür bekannt, daß aufgrund von Theorien Vorausgesagtes zwar eintrat, diese Theorien aber trotzdem später grundlegend korrigiert werden mußten.[36]

Das zweite Argument ist ganz persönlicher Natur und daher vielleicht nicht so leicht nachvollziehbar. Mich selber, und vielleicht auch den einen oder anderen Leser, überzeugt es gerade deswegen mehr von der Richtigkeit und Gültigkeit der Reinkarnationsidee für die Deutung der geschilderten Erlebnisse als das vorangegangene Argument. Dieses zweite Argument stützt sich auf die oben beschriebenen Unsterblichkeitsaspekte des Selbstbewußtseins. Natürlich sind diese mit den heutigen Vorstellungen der Wissenschaft über Identität unvereinbar; sie leben aber vermutlich in sehr vielen Menschen, und diese Tatsache ist für mich von größerer Bedeutung. Wenn dieser Aspekt unseres (Selbst-)Bewußtseins nun wirklich eine Tatsache ist, dann ergibt sich meines Erachtens daraus unweigerlich eine andere Tatsache, nämlich diejenige, daß diese zeitliche Unbegrenztheit in die Zukunft hinein «umschlägt» und sich auf die Vergangenheit bezieht, also nicht nur Unsterblichkeit, sondern auch Ungeborenheit bedeutet.

Anders gesagt: Wenn ich oder wenigstens etwas, aufgrund dessen ich «ich» sagen kann, also etwas von meiner jetzigen Identität, ewig ist (d. h. bis zum Ende aller Zeiten lebt), muß es in irgendeiner Form auch schon vorher gelebt haben (von Beginn der Zeiten an). Wenn ich tatsächlich ewig lebe, dann bin ich auch in Richtung auf die Vergangenheit hin zeitlos.[37]

Der hier angeführte Aspekt des Selbsterfahrungsbewußtseins hat zur Folge, daß die Vorstellung, unsere Identität würde sich zu irgendeinem Zeitpunkt unseres Bestehens aus einer Art «geistigem Ozean» oder ähnlichem herauslösen – sei es nun, daß das schon bei der Konzeption, sei es, daß es später geschieht (wenn der Mensch zum Beispiel beginnt «ich» zu sagen), gleichgültig also, ob die Herauslösung Folge oder Ursache irdischer Geschehnisse ist – damit nicht in Einklang gebracht werden kann. Wenn für die intuitive Selbsterfahrung die Unvergänglichkeit des Selbstbewußtseins eine Tatsache ist – wie das meines Erachtens der Fall ist – dann ist auch diejenige Eigenschaft des Selbstbewußtseins eine Tatsache, daß es niemals in der Vergangenheit entstanden ist. Das ist eine Eigenart, welche unsere heutige Sprache nicht ohne weiteres mit einem Wort ausdrücken kann. Das Wort «Ungeborensein» läßt sich leicht als

Gegenstück zur «Unsterblichkeit» hinstellen; die Vorstellungsinhalte, die durch dieses Wort hervorgerufen werden, sind aber ebenso ungenau und verschwommen, wie die für «Unsterblichkeit». Dasselbe gilt für die damit zusammenhängenden Ausdrücke wie «Präexistenz», «das Vorgeburtliche» u. a.

Die Grenzen unseres heutigen Vorstellungsvermögens

Mit den letzten Bemerkungen im vorhergehenden Abschnitt kommen wir an die Grenzen unseres Vorstellungsvermögens, jedenfalls an diejenigen der Gegenwart und sicherlich auch an die Grenzen dessen, was heute mit Worten ausgedrückt werden kann. Um wieder konkreter werden zu können, müßte ich den Gedanken der Zeitlosigkeit, den wir in Richtung Vergangenheit gefaßt hatten, insoweit abschwächen, daß ich einfach behaupte: die Identität muß bereits einige Zeit vor der Konzeption vorhanden sein. Die damit zusammenhängenden Fragen, wie lange zuvor diese Identität schon bestanden hat und wie ihr Ursprung war, stellen ein genau so schwieriges und unlösbares Problem dar, wie diejenigen über Dauer und Ende ihres Bestehens.[38] Aus diesem Grunde gehe ich hier nicht näher auf dieses Problem ein. Es drängt sich allerdings gleich ein neues auf, nämlich die Frage, wie wir uns die Beziehung zwischen der schon vorhandenen Identität und unserer irdischen Körperlichkeit vorstellen müssen. Beide Probleme unterscheiden sich in bedeutender Weise. Aus der Idee, daß unsere Identität schon vor dem Beginn unseres irdischen Lebens eine Zeitlang bestanden hat, ergibt sich nämlich eine Konsequenz, die nichts mit der Idee der Unvergänglichkeit und des Weiterbestehens nach dem Tode für unbestimmte Zeit zu tun hat. Die Idee der Präexistenz ist meines Erachtens nicht tragfähig ohne die Vorstellung, daß unser «Selbst» schon früher auf dieser Erde gelebt hat. Diese Annahme bringt auf einmal ein ganz neues Element in die Erörterungen: die Einsicht, daß dieser Gedanke im Prinzip nachprüfbar ist –, im Prinzip, denn die dazu notwendige theoretische und «experimentelle» Ausrüstung ist noch lange nicht vorhanden. Der Gedankengang, daß eine Identität in einem vorhergegangenen Leben Erfahrungen macht, welche sie in irgendeiner Weise in das darauffolgende Leben «mitnimmt», ist, wenn es uns gelingt, von dieser Weise einen allgemein verständlichen Begriff zu entwickeln, nachprüfbar.[39] Mit dieser Feststellung und mit der Frage, *wie* dieses «Nachprüfen» vorzustellen sei, kommen wir auf das Thema der «Reinkarnation» selber, das im folgenden 4. Abschnitt beschrieben werden wird. Zum Schluß dieses Kapitels möchte ich noch einmal kurz zusammenfassen, was in den vorhergehenden erarbeitet wurde und den Ausgangspunkt für die folgenden Erörterungen bildet: Es wurden Berichte vorgeführt, in denen Menschen sich ganz vorsichtig über das Kommen eines Kindes äußern und die so gedeutet werden können, daß sich das betreffende Kind in einem Stadium, in dem dies der herrschenden Auffassung nach unmöglich ist, in der einen oder anderen Form als «Träger» einer Identität zu erkennen gibt. Eine Konsequenz dieser Deutung besteht darin, daß dieser Identität die Eigenschaft der «Präexistenz» zukommt. «Präexistenz» ist aber ein inhaltsloser Begriff, wenn nicht gleichzeitig angenommen wird, daß sich die präexistente Identität in einem oder mehreren früheren Leben auf der Erde manifestiert hat.

Zugänge zu einem neuen Reinkarnationsbegriff

Reinkarnation: darüber nachdenken und sie erfahren

In diesem Abschnitt will ich mich bemühen, die Erfahrungen des vorhergehenden Kapitels und ihre Erklärungen so zu vertiefen, daß wir zu einer neuen Betrachtungsweise des Reinkarnationsproblems kommen können. Das «Neue» besteht in dem Versuch, Reinkarnation einen *Erfahrungs*charakter zu geben; jedenfalls einen Ansatz dafür zu schaffen. In unserer Kultur gibt es die Idee der Reinkarnation bis heute höchstens in Form von Vermutungen oder Überzeugung aufgrund einer Art Eingebung. Für die einen ist sie eine unerschütterliche Tatsache; andere tun sie mit ebenso großer Bestimmtheit als Phantasie oder Spekulation ab. Das wird so lange so sein, wie dieses Thema ausschließlich im Reiche der Ideen und Begriffe lebt. Damit der westliche Mensch sich ihrer tatsächlichen Existenz versichern kann, muß die Sache in den Bereich der *Erfahrungen* gelangen. Erst wenn wir darüber so kommunizieren können, wie wir es gewöhnlich über andere Erfahrungen tun, werden wir wirklich wissen, ob es sich um eine Realität handelt oder nicht.

Weit hergeholt?

Meine wesentlichste These ist die, daß der Kern der beschriebenen Erfahrungen in keiner Weise etwas weit Hergeholtes darstellt. Daß sie den Stempel des Außergewöhnlichen tragen, ist kulturell bedingt. Anders gesagt: Jeder Mensch hat einen Sinn, eine Art Organ, mit dem die Identität anderer Menschen wahrgenommen werden kann. Dieser Sinn braucht zu seiner Entwicklung fördernde Umstände[40]; die Gegebenheiten unserer Kultur sind nun einmal so, daß dieses «Identitätssinnesorgan» in der Regel nur sehr kümmerlich ausgebildet wird.[41]

Unterthemen

Das ist der Ausgangspunkt für die Ausführungen dieses Kapitels, das wie die ganze Schrift noch einen recht vorläufigen Charakter hat. Unser Hauptthema, die Beziehung zwischen Reinkarnation als Idee und als Erfahrungsgegenstand, ist derart komplex und mit zahlreichen anderen Fragen verflochten, daß es aussichtslos wäre, alle Aspekte gleichgewichtig zur Geltung bringen zu wollen. Deswegen muß ich mich bei den Gesichtspunkten, die in diesem Kapitel behandelt werden, – Biographie, Kriminologie, Erinnerung usw. – vielfach auf Andeutungen beschränken. Es geht mir nur darum, einen Weg aufzuzeigen, der dazu führen kann, daß die Reinkarnationsidee in den kommenden Jahren so weit ausgearbeitet wird, daß sie den Menschen vertrauter wird, daß Reinkarnation für jedermann zur persönlichen Erfahrung werden kann.

Dazu muß das Problem erst einmal in einzelne Gesichtspunkte aufgegliedert werden, wie jedes andere Problem auch, das wissenschaftlich angegangen werden soll.[42]

Im folgenden versuche ich nun zuerst einmal die Reinkarnationsidee so exakt und deutlich wie nur möglich zu formulieren, damit wenigstens eine klare Vorstellung von dem entsteht, was ich unserer Erfahrung zugänglich machen will. Anschließend, nach einigen wissenschaftstheoretischen Anmerkungen und Ergänzungen, werde ich die wichtigsten Gegenargumente aufgreifen und das Problem der Lokalisierung bzw. der Erinnerung besprechen. Nach einer Betrachtung des Vergeltungsmotivs (insoweit es mit dem Reinkarnationsproblem zu tun hat) wird dann kurz die Rolle der Biographie behandelt, die einen ausgezeichneten Zugang zu einem neuen Verständnis von Reinkarnation bietet. Ich halte absichtlich alles noch sehr im allgemeinen. Meine ganz persönliche Meinung werde ich im fünften Hauptteil darlegen.

Eine konkrete Vorstellung von der Reinkarnation

Wenn wir dem Thema der Reinkarnation einen solchen Platz in unserer Kultur geben wollen, daß zweifelsfrei festgestellt werden kann, ob sie eine Realität darstellt oder nicht, muß zuerst einmal genau beschrieben werden, was darunter zu verstehen ist. Streng genommen ist das ja unmöglich: wie kann etwas beschrieben werden, von dem nicht einmal sicher ist, ob es besteht oder nicht? Die Wahrheit ergibt sich jedoch eher aus einer verkehrten, aber in sich deutlichen Vorstellung als aus der bloßen Verwirrung heraus[43]; anders gesagt: wenn wir kein genaues Bild haben von dem, was wir suchen, hat es gar keinen Sinn, überhaupt auf die Suche zu gehen; wir würden es sowieso nicht finden. Wenn wir ein «exaktes» Bild von dem Gesuchten haben, wissen wir auch, wo wir uns hinwenden müssen; dann können wir hoffen, daß falsche Vorstellungen durch die Suche und während des Suchens korrigiert werden.[44]

Wesenskern

Folgende Darstellung scheint mir für das Aufgreifen des Themas am geeignetsten zu sein: In jedem Menschen lebt etwas, das wir seinen «Wesenskern» nennen können. Es ist der im Prinzip unvergängliche Kern der Identität.[45] Dieser Wesenskern bestand schon vor unserer Konzeption und wird auch nach unserem Tode weiterbestehen bleiben. Bei der Konzeption verbindet er[46] sich mit einem irdischen Erbstrom, das heißt, daß er sich in eine Körperlichkeit «inkarniert».[47]

Dieses Sichverbinden ist ein im wahrsten Sinne des Wortes verwickelter Vorgang. Es fällt uns äußerst schwer, gedanklich auch nur annähernd eine sachgemäße Vorstellung von dieser Verbindung zu gewinnen. Der Wesenskern wird während der Embryonalentwicklung und in geringerem Ausmaß auch noch während des späteren Lebens bis in alle Organe und Teile der Körperlichkeit sozusagen hineinverwickelt.[48]

Mit dieser Verbindung oder «Einwickelung» geht gleichzeitig eine «Auswickelung» einher, die, im Idealfall, mit zunehmendem Alter immer stärker wird. Das heißt, daß sich der Wesenskern schon vor dem Tode aus seiner irdischen Gebundenheit mehr oder weniger löst und dann tatsächlich frei von ihr wird. Dieses «Auswikkeln», Herauslösen, steht als Prozeß dem des «Hineinverwickelns» polar entgegen.[49] Der Prozeß spielt sich gleichzeitig körperlich und geistig ab. Für den geistigen Aspekt ist der Begriff «Entwickelung» unmittelbar anwendbar. Im allgemeinen Sprachgebrauch wird er ja im Sinne von persönlicher, geistiger Entwicklung, Entfaltung, entsprechend angewendet.[50]

Zielsetzungen

Der Sinn beider sich polar gegenüberstehender Prozesse liegt darin, daß der Wesenskern sich selber verändert[51], sich gleichsam Ziele für die eigene Entwicklung und den eigenen Fortschritt setzt. Dazu braucht er das «Instrument», welches die Körperlichkeit ihm bietet. Durch eine solche Vorstellung wird das, was wir geistige oder persönliche Entwicklung nennen, genauer gefaßt, die Ähnlichkeit mit unserem gewöhnlichen Sprachgebrauch bleibt aber doch erhalten.

Es ist eine Entwicklung, durch die der Wesenskern – der im «Ich» des Menschen erfahrbar ist – lernt, immer besser mit seiner Leiblichkeit so umzugehen, daß er seinen Zielen näherkommt; Zielen, die weit über die Grenzen, die durch die Körperlichkeit in der gegenwärtigen Inkarnation gesetzt sind, hinausreichen.

An den Zielsetzungen des Wesenskerns können zwei eng miteinander verwobene Aspekte unterschieden werden: der allgemeine und der individuelle. Der allgemeine steht im engen Zusammenhang mit dem Ziel der gesamten Menschheit; von diesen Zielen will ich in dieser Schrift absehen.[52] Die individuellen Zielsetzungen des Wesenskernes führen dazu, daß er sich diese oder jene Inkarnation als geeignetes Instrument zur Verfolgung dieser Ziele aussucht. Seine Inkarnation beginnt mit der Konzeption und gibt Anlaß zu der darauf folgenden Biographie des auf diese Weise entstandenen Individuums. An diesem Individuum sind also drei und nicht zwei

Komponenten zu unterscheiden: die körperlich-materielle, die psychologisch-immaterielle (vgl. S. 43) und als drittes den Wesenskern, der die beiden erstgenannten als Instrument gebraucht. In der Biographie vollzieht sich ein Wechselspiel zwischen diesen drei Komponenten; wobei jede ihre eigenen Möglichkeiten, Beschränkungen und Gesetzmäßigkeiten aufweist.

Reinkarnation heißt so betrachtet, daß der Wesenskern früher schon einmal auf der Erde gelebt und während dieser vorhergehenden Verkörperung positive und negative Erfahrungen gemacht hat. Von diesen Erfahrungen hat er eine Art «Extrakt» in die Dimension mitgenommen, in die er nach dem Tode des Menschen, in dem er in der vorhergehenden Inkarnation inkarniert war, hineingegangen ist. (Man sieht, daß die Sprache hinten und vorne nicht ausreicht für das, was ich hier darstellen möchte! Vgl. Anm. 10) Dieser Extrakt, oder wenigstens etwas davon, wird in die folgende Inkarnation mit hineingenommen, bildet die Voraussetzung für die neuen Kräfte und Fähigkeiten, die dann zusätzlich erworben werden. So kommt von dieser Identität in der jetzigen Inkarnation wieder etwas zum Vorschein, wenn auch derartig metamorphosiert, umgewandelt, daß es nur schwer zu erkennen ist. Dieser Extrakt bildet die entscheidende oder wenigstens eine wesentliche Quelle, aus der diejenigen Motive einer Biographie entspringen, die nicht aus Vererbung oder psycho-sozialen Faktoren der genannten Art hervorgehen.[53]

Einige wissenschaftstheoretische Ergänzungen

Soweit in groben Zügen die Vorstellung von Reinkarnation, die ich vor Augen habe. Ich übergehe die unabänderliche Tatsache, daß Worte dies alles nur sehr bruchstückhaft darstellen können. Sie sind nun einmal der Sprache einer Kultur entnommen, die die Reinkarnation prinzipiell nicht kennt.

Für ein besseres Verständnis des Folgenden sind noch einige Bemerkungen darüber notwendig, inwieweit die Wissenschaftstheorie etwas dazu beitragen kann, daß Reinkarnation von einer reinen

Idee zu einer Erfahrung wird.[54] Einfachheitshalber gehe ich Punkt für Punkt und in Form von Behauptungen vor. Nähere Erläuterungen dazu sind in den Anmerkungen zu finden.

Agnostizismus als Ideologie

Ich gehe davon aus, daß unser Erkenntnisvermögen im Prinzip unbegrenzt ist. Es besteht kein Grund anzunehmen, daß etwas, zum Beispiel die Dimensionen außerhalb des irdischen Seins, unserer Erkenntnis für immer verschlossen sein wird. Ich beziehe damit Stellung gegen den Agnostizismus, gegen diejenige Ideologie, die uns lehren will, daß der tiefste Grund der Dinge uns für alle Zeiten verborgen bleiben muß. Diese Ideologie ist weit verbreitet, wird aber selten erkannt. Meines Erachtens ist der Zeitpunkt gekommen, sie als ein größtenteils unbewußt wirkendes Dogma zu entlarven.[55]

Wissenschaftlich fundiert

Ich erhebe den Anspruch, daß die Frage, ob die Reinkarnation eine Tatsache ist oder nicht, mit wissenschaftlicher Verantwortlichkeit angegangen werden kann. Ich behaupte also, daß sowohl die Fragestellung, als auch die Antworten methodisch und inhaltlich so solide und von daher überzeugend aufgebaut werden können, daß über kurz oder lang – wahrscheinlich dauert es noch ziemlich lange – eine unzweideutige Antwort auf die Frage gefunden wird. Unzweideutig in der gleichen Weise, wie es bei den Fragen der Fall war: Ist die Erde rund oder flach? Gibt es Bakterien und welche Rolle spielen sie bei der Entstehung der Infektionskrankheiten? Wie sieht der «Status» des Unbewußten und der psychischen Umgebung in den ersten Lebensjahren aus im Hinblick auf das Auftreten von Psychopathien? (Diese zuletzt genannte Frage ist auch heute – anno 1980 – noch nicht völlig beantwortet!)

Entwicklung

Eine von Paul K. Feyerabend formulierte Einsicht[56] ist für uns hier von großer Bedeutung: Die Wissenschaft macht Entwicklungen durch, die genauso wie die Entwicklungen in organischen oder biographischen Prozessen als solche erkannt werden müssen. In der zeitlichen Aufeinanderfolge der Teilprozesse wirken Gesetzmäßigkeiten mit; wenn diese negiert werden, entstehen lebensunfähige Mißgebilde oder Schlimmeres. Dazu einige Beispiele:

Eine Infektionskrankheit beginnt mit der Ansteckung (eventuell sogar noch mit der davor sich ausbildenden Anfälligkeit des zukünftig kranken Menschen!), danach folgt die sogenannte Inkubationszeit. Erst nach dieser bricht die Krankheit aus und erreicht einen Höhepunkt; dann wird der Mensch wieder gesund (oder auch nicht). Die Gesundung kann nicht unmittelbar auf die Inkubationszeit folgen; der Verlauf enthält eine Gesetzmäßigkeit, auch wenn noch so viele individuelle Varianten auftreten können. Das gleiche trifft für die Biographie zu: In unserer Kultur verheiratet sich niemand gleich nach dem Zahnwechsel; es liegen mindestens ein bis zwei Jahrsiebte zwischen diesen beiden Ereignissen. Daß es solche Gesetzmäßigkeiten auch in der Wissenschaftsentwicklung gibt, ist allerdings ein relativ neuer Gesichtspunkt. Zwischen einem Kopernikus und der modernen Raumfahrt mußten Durchbrüche stattfinden wie zum Beispiel die, die Kepler und die Pioniere des Flugzeug- und Raketenbaus geschafft haben. Wenn ein berühmter Arzt wie Fracastoro auch noch so sehr von seiner 1555 verkündeten Behauptung, Mikroorganismen (und zwar lebende!) seien die Erreger der Infektionskrankheiten, überzeugt gewesen ist – sie war damals eine bloße Idee und blieb es so lange, bis die Arbeiten von Koch und Pasteur den Durchbruch brachten. Dafür waren Zwischenschritte notwendig, die selber nur zum Teil direkt etwas mit den Infektionskrankheiten zu tun hatten: zum Beispiel die Entwicklung der modernen Krankheitslehre durch Morgagni, Bichat, Henle und andere. Ebenso liegen beinahe drei Jahrhunderte unermüdlicher theoretischer und praktischer Arbeit zwischen dem Zeitpunkt, an dem Leeuwenhoek sein Mikroskop konstruierte, und der Entwicklung des modernen Elektronenmikroskops. So ähnlich wird es auch mit der Wissenschaft gehen, die wir brauchen, um Sicherheit über die Reinkarnation zu gewinnen. «Le temps ne respecte rien qui s'est fait sans lui» – die Zeit nimmt auf nichts Rücksicht, was ohne sie entstanden ist.

Wenn wir die neue Wissenschaft von der Reinkarnation nicht methodisch gut untermauern und den Gesetzmäßigkeiten, denen der zeitliche Verlauf einer Entwicklung unterworfen ist, nicht Rechnung tragen, dann wird nie etwas aus ihr werden. Dann bleibt alles, wie es jetzt ist: spekulativ, anekdotisch und deshalb im wesentlichen uninteressant, im günstigsten Fall in kindlich-naiver Weise ehrlich und treffsicher nur aus einer Art Eingebung heraus.

Zur Frage der methodischen Untermauerung muß noch mehr bemerkt werden.

Lebendige Begriffe

Die Vorgehensweise, die nötig ist, um das Thema Reinkarnation in den Erfahrungsbereich hereinzuholen, wird sich in einigen Punkten von derjenigen unterscheiden, die in der heutigen Wissenschaft üblich ist. Die markantesten Unterschiede sind folgende:

a) Es wird wesentlich mehr Aufmerksamkeit und Wertschätzung für Veränderungen, für Prozesse, Dynamik und Entwicklung als für fixierte Strukturen, mehr für das Werdende als für das Gewordene gefordert.[57]

b) Wir werden wieder lernen müssen, in Bildern zu denken und lebendige Begriffe zu entwickeln, die «evokatorisch» wirken; das heißt, daß sie in demjenigen, dem wir sie mitteilen, dieselben lebendigen Gedanken hervorrufen, wie bei dem Menschen, der sich der Begriffe bedient, um seine Erfahrungen in Worte zu fassen (evokare = hervorrufen). Die Funktion der Begriffe, in allen Menschen, die sich mit ihrer Hilfe verständigen, denselben Gedankeninhalt hervorzurufen, kann ihre «operationelle Identität» genannt werden. Für den hier ins Auge gefaßten Begriff Reinkarnation ist der evokatorische Charakter bildhafter Begriffe und ihre operationelle Identität wesentlich wichtiger als der starre Charakter von Definitionen. Die hier gemeinten lebendigen Begriffe ordnen sich auch nicht der – heutzutage in der Wissenschaft als ideal hingestellten – rigorosen Trennung zwischen Objektivem und Subjektivem unter. Mit einer gewissen Berechtigung kann dies vielleicht als ein Hindernis für ein wissenschaftlich fundiertes Vorgehen angesehen werden; das ist aber nur scheinbar so. Die Bedenken gehen nämlich an der Tatsache vorbei, daß die Urbarmachung jedes unerschlossenen Gebietes der Wissenschaft mit globalen Begriffen, Umschreibungen und Theorien beginnt. Und die Wissenschaft von der Reinkarnation ist nagelneu – sie besteht noch nicht einmal! Es gibt nur einen Weg, diesen globalen, «tastenden» Charakter der ersten Beschreibungen nicht zu einem vagen und inhaltlosen Gerede entarten zu lassen: Die Beschreibungen müssen so nah wie irgend möglich an die schon bekannten Situationen anknüpfen. Dadurch erhalten sie zu einem gewissen Grade von selber den Charakter der Bildsprache, woran nun einmal nichts zu ändern ist.[58]

c) a) und b) können nur dann Wirklichkeit werden, wenn wir neue Begriffe bilden bzw. die bestehenden Begriffe dem Inhalt und ihrer Bedeutung, oft auch ihrem Gefühlswert nach, verändern. Diesen Veränderungsprozeß möchte ich mit dem Wort «Begriffsentwicklung» umreißen.[59] Das wird die wichtigste Methode sein, um die Reinkarnation erfahrbar werden zu lassen; ganz besonders werde ich sie auf die Begriffe «Identität» und «Erinnerung» anwenden.

Wissen, wonach wir suchen

Ich nehme an, daß aus dem Vorhergehenden deutlich geworden ist, daß für mich die Reinkarnation eine Realität ist. Es könnte daraus der Vorwurf entstehen, daß gerade deshalb ein redliches wissenschaftliches Vorgehen (vorurteilslos, losgelöst von der Person des Untersuchers, streng objektiv ...) meinerseits nicht mehr möglich sei. Meine Antwort darauf lautet: Es ist eine Fiktion zu meinen, daß irgend einmal neue wissenschaftliche Wege gebahnt worden sind oder überhaupt gebahnt werden können, ohne jegliches «Vorurteil» und mit nur streng objektiven Methoden. Auch hinsichtlich dieser Dinge wurden durch die neuere Wissenschaftstheorie bemerkenswerte Einsichten zutage gefördert.[60]

Wo müssen wir den «Wesenskern» suchen?

Das meines Erachtens wichtigste und schwierigste Problem der Reinkarnation besteht etwas schlicht gesagt darin, dasjenige am Menschen, das durch die verschiedenen Inkarnationen hindurch bestehen bleibt, zu lokalisieren. Es klingt ganz einfach: «Bei der Konzeption verbindet sich der ‹Wesenskern› mit einem irdischen Erblichkeitsstrom und bildet sich dadurch eine Körperlichkeit usw.» – Wie kommen wir aber dazu, daß eine solche Aussage mehr ist als nur eine Spekulation, ein Schlag ins Leere, bloßes Gerede? Wie müssen wir uns diese Verbindung vorstellen? Wo müssen wir uns – wenn diese Frage nicht überhaupt allzu konkret formuliert ist – die Anwesenheit des Wesenskerns im Leibe vorstellen? Und wo ist er, wenn er nicht in einer Körperlichkeit inkarniert ist?[61]

Leib, Seele und Geist

Mit dem Lokalisationsproblem tritt auch das Problem der Beziehung zwischen Leib, Seele und Geist auf. Dieses Problem ist schon Jahrhunderte alt und – selbst wenn es nur innerhalb der Grenzen des irdischen Lebens betrachtet wird – ein sehr schwieriges.[62] Noch viel schwieriger wird es außerhalb der Grenzen der Körperlichkeit: Wie sollen wir eine Vorstellung davon gewinnen, wie und wo sich der Wesenskern zwischen zwei Inkarnationen aufhält? Im Gegensatz zu der Frage nach der Beziehung zwischen Leib, Seele und Geist ist dieses Problem – angesichts des Nichtvorhandenseins einer Reinkarnationsidee in unserer Kultur – nicht einmal bekannt. Es sind demnach nicht einmal allgemein faßbare Anknüpfungspunkte vorhanden, um es aufgreifen zu können. Bei der Betrachtung des Wesenskerns, der sich auf der Erde inkarniert hat, war wenigstens die Körperlichkeit eine feste Gegebenheit, wie auch immer die Beziehung zu ihr gesehen werden mag. Ohne eine Körperlichkeit, ohne einen räumlich-materiellen «Platz», an dem wir suchen können, kann von einem «Lokalisieren» doch gar keine Rede sein! Oder muß der Begriff «Lokalisieren» inhaltlich und auch seiner Bedeutung nach drastisch verändert werden? (Vgl. Anm. 59.)

Eine Lösung dieses Lokalisationsproblems kann paradoxerweise vermutlich am ehesten dann erfolgreich angestrebt werden, wenn wir mit dem schwierigsten Aspekt beginnen und die Frage in Angriff nehmen: wo und wie muß der Wesenskern zwischen zwei Inkarnationen gesucht werden, wenn er – wie gesagt – nicht «in» einer Körperlichkeit «steckt»? Zum besseren Verständnis möchte ich drei Überlegungen vorausschicken.

Wie groß ist die «Identität»?

Zuerst möchte ich noch einmal darauf hinweisen, wie statisch und starr unser Denken normalerweise ist. S. 55f. habe ich versucht, Leser, die noch nicht mit einer dynamischen Denkweise vertraut sind, ein wenig in das einzuführen, was ich unter «lebendigem Denken» verstehe. Ich will das hier noch weiterführen und den Begriff «Identität» genauer erklären. Dieser Begriff – soweit er auf einen Menschen angewendet wird (andere Anwendungen sind hier nicht von Interesse) – steht in engem Zusammenhang mit den Begriffen «Individualität» und «Individuum». Diese beiden letzten Begriffe beruhen auf der Idee der Unteilbarkeit der menschlichen Identität (lateinisch: in = nicht, dividere = teilen). Auf der Gefühlsebene ist uns das einigermaßen vertraut. Wir sagen: «Dieser Mensch ist aus einem Guß.» In dieser Redewendung spiegelt sich das Einheitserlebnis der normalen gesunden Ich-Erfahrung wider. «Teilbarkeit» und «Unteilbarkeit» (in dem Sinne, daß erst ein ganzes Ding da ist und, nachdem es geteilt wurde, zwei oder mehrere Unterteile) sind Eigenschaften, die wir uns eigentlich nur räumlich-materiell vorstellen können. Etwas, das räumlich-materiell existiert und gleichzeitig unteilbar ist, muß schon sehr, sehr klein sein. Es muß sich in atomistischen Größenordnungen bewegen (griechisch: a = nicht, tomos = Teil; Atom drückt also fast dasselbe aus wie Individuum!). Wenn wir die gefühlsmäßigen Erlebnisse betrachten, die das Individuum anhand seiner Ich-Erfahrung hat, dann wird mit dem eben Genannten ungefähr die Art der Vorstellung dargestellt, die wir uns, mehr oder weniger bewußt, über unsere Identität machen. Wenn wir sie uns schon räumlich vorstellen, dann doch so klein wie überhaupt möglich.

Um in der Richtung voranzukommen, die eine Lösung für das Lokalisationsproblem in bezug auf den Wesenskern des Individuums verspricht, werden wir erkennen lernen müssen, daß diese «statische», räumlich-materiell begrenzte und «atomistische» Denkweise nur eine Art des Denkens darstellt. Wir können auch anders denken. Diejenige andere Denkart, die für unser Thema entscheidend ist, kann als das polare Gegenstück zu dieser unserer gewohnten Denkweise hingestellt werden. In Zusammenhang mit den Begriffen «Identität» und «Individuum» bzw. «Individualität» gibt uns diese neue Art des Denkens ein Verständnis dafür, daß etwas konkret vorhanden sein, wirken und sich im Raume darstellen kann, ohne im Raume lokalisiert zu sein; es hat trotzdem eine konkrete Identität, ist ein eigenes Wesen. Wenn wir uns dieser Idee von einer anderen Seite her nähern, braucht sie durchaus nicht so fremd und unbegreiflich zu bleiben, wie es vielleicht auf den ersten Blick erscheint. Als Beispiel kann der Begriff «Niederlande» dienen: das ist nicht nur ein Stück Land, das auf der Landkarte zu sehen ist und zufällig so heißt. Das ist auch ein nicht-räumlicher, nicht genau abzugrenzender und zu lokalisierender überpersönlicher Komplex von Eigenschaften, von dem im Prinzip alle 14 Millionen Bewohner, die sehr wohl räumlich und materiell lokalisierbar sind, etwas mitbekommen haben; der auch ganz wesentlich in deren Identität hineinwirkt. Neu und deshalb schwer faßbar sind nur der Zusammenhang, in dem, und der Bereich, auf den der Gedankengang einer nicht lokalisierbaren Identität angewendet wird.[63]

Biologische Erinnerung

Für diejenigen, die die vorangegangene Auseinandersetzung als schwierig und abstrakt empfanden, möchte ich – zur Erläuterung des Folgenden – noch eine zweite Überlegung vorausschicken. In der Biologie sind die Begriffe «self», «non-self» (deutsch: selbst, nicht selbst) und «anamnestische Reaktion» bekannt. Letzteres bedeutet sinngemäß die Reaktionsweise eines Organismus[64], die durch die Erinnerung («Anamnesis») spezifisch verändert wurde. Dieser Terminus wird besonders im Zusammenhang mit den Erscheinungen Infektion und Immunität angewendet. Infektion bedeutet, daß sich krankheitserregende Mikroorganismen z. B. in einem Menschen einnisten, sich dort vermehren und ihn dadurch krank machen. Immunität bedeutet, daß der Mensch weit weniger krank wird, oft sogar gar nicht, wenn nach Ablauf einer ganz bestimmten Krankheit sich dieselben Mikroorganismen ein zweites Mal einnisten. Derselbe Effekt wird durch Impfung hervorgerufen. Der Leib hat sozusagen eine «Erinnerung» an die erste Erkrankung bzw. Impfung bewahrt. Und so wird er aus «Erfahrung» versuchen, die Mikroorganismen, die sich wieder einnisten wollen, so schnell auszuschalten, daß der Mensch oft gar nichts von ihnen spürt.

Im weiteren Sinne werden die Begriffe «self» und «non-self» angewendet, um anzudeuten, daß der Körper seine eigene biologische Identität als «self» erkennt. Er kann dadurch alle fremden Entitäten, z. B. die krankheitserregenden Mikroorganismen oder andere «non-self»-Elemente als etwas erkennen, das nicht zu seiner eigenen Identität gehört und sie dann abwehren.

Diese Phänomene und Begriffe haben für unser Thema zweierlei Bedeutung. Einmal ist diese «Erinnerungsfunktion» mit der «Identitäts»-Funktion sehr verwandt. (Vielleicht dürfen sie sogar identisch genannt werden!) Noch wichtiger ist die Tatsache, daß diese Funktion nicht in der Weise im Körper lokalisiert werden kann, daß exakt und erschöpfend alle diejenigen Orte aufgezählt und identifiziert(!) werden können, an denen sie sich aufhält. Allgemein gesagt ist diese Funktion im sog. «Retikulo-endothelialen System» (RES) lokalisiert. Dieses RES ist das System der Lymphdrüsen, Lymphknötchen, der Milz und anderer Organe und Organteile, das – obwohl es eine funktionelle Einheit darstellt – im ganzen Körper verstreut ist. So ganz und gar unvorstellbar ist demnach die Idee einer nicht streng lokalisierbaren Identität und Erinnerungsfunktion nicht. Das RES kann vielleicht in gewisser Weise als «Analogie»[65] dienen zu der Identitätsfunktion, die wir suchen. (Ich betone: in gewisser Hinsicht! Denn die erwähnte Erinnerungs- und Identitätsfunktion ist zweifellos innerhalb der Grenzen der Haut lokalisiert; es ist auch ohne Schwierigkeit möglich, Material aus dem Leib zu isolieren, an dem diese Funktion untersucht und identifiziert werden kann. In diesem Punkt besteht also keine Analogie!)

Zentral und peripher

Die dritte Vorbemerkung betrifft ein direkt der Anthroposophie entlehntes Thema. Es handelt sich um eine ganz bestimmte Auffassung der Beziehung zwischen der Sonne und dem Sonnenlicht.[66] Angenommen, die Frage würde gestellt: «Wo und was ist die Sonne?», so würden die meisten Menschen zuerst etwas antworten wie: «Eine glühende Gaskugel, die im Weltenall eine Bahn beschreibt und um die sich die Erde bewegt.» Mit dieser Antwort drücken sich in volkstümlicher Zusammenfassung die gängigen astronomischen Erkenntnisse aus. Es wird geredet, «wie es im Buche steht», nicht aus eigener Anschauung. Die Antwort ist ja auch nicht falsch, auf keinen Fall aber vollständig. (Auch in anderer Hinsicht ist manches an ihr auszusetzen.) Aus der unbefangenen eigenen Erfahrung heraus ergibt sich jedenfalls eine andere Antwort; dann «ist» die Sonne das Licht und die Wärme, der Rhythmus von Tag, Nacht und Jahreszeiten, die ganze, nicht-lokalisierbare, nicht-räumliche und nicht-materielle «Sphäre», die uns auf der Erde räumlich umgibt. Diejenige «Sphäre», von der alle Funktionen und Prozesse abhängen, welche das Leben für Pflanze, Tier und Mensch ermöglichen.

Inhaltlich stehen sich beide Antworten polar gegenüber (vgl. Anm. 49). Der eine Pol wird durch den «zentralen» Inhalt der räumlich-materiell am Himmel sichtbaren Kugel gebildet. Der andere durch den «peripheren» Inhalt der nichträumlich-materiellen Atmosphäre («Umkreis»), die uns umgibt und unser Leben ermöglicht.

Periphere Identität

Soweit die drei Bemerkungen vorweg. Ich will nun versuchen, den Begriff «periphere Identität» zu entwickeln, um mit seiner Hilfe einer Antwort auf die Frage nach der Lokalisation des Wesenskernes näherzukommen.

Beginnen wir an uns selbst: ich erlebe meine Identität in erster Linie in und an meinem Leibe und gehe davon aus, daß das für jeden gesunden Menschen unseres Kulturkreises gilt.[67] Diese Identität ist tatsächlich nur so zu lokalisieren, daß gesagt wird: «in und an meinem Leib». Jede nähere Beschreibung ist irreführend; so z. B. Descartes Behauptung, die Seele sitze in der Zirbeldrüse (vergl. Anm. 62). Natürlich ist es unbestritten, daß gewisse Körperregionen, besonders gewisse Gebiete des Gehirns, eine wesentlich größere Bedeutung für eine ungestörte Identitätserfahrung haben als andere.[68] Diese Identitätserfahrung hat einen «atomistischen» Charakter – «atomistisch» in Anführungszeichen, denn mein Leib ist durchaus nicht unteilbar. Die Erfahrung meiner leiblichen Identität ist allerdings aus einem Guß, – also unteilbar! Daß sie ein Zentrum hat, und zwar in oder an meinem Leibe, deute ich an mit dem Begriff «zentrale Identitätserfahrung».[69]

Analog den Beispielen, die in den drei Bemerkungen vorweg angeführt wurden, kann ich mir noch eine zweite Form der Identität (Identitätserfahrung) vorstellen, und zwar eine solche, die der ersten polar gegenübersteht. Ist es nicht so, daß alle Handlungen und ihre Wirkungen, die, direkt oder indirekt, durch mein Zutun zustande gekommen sind, eine «Sphäre» um mich herum bilden? Unzählige Menschen werden durch meine Taten beeinflußt; direkt oder indirekt, ob es mir oder ihnen bewußt ist oder nicht, ob von mir oder ihnen gewollt oder nicht. Diese Menschen tragen (direkt oder indirekt) in sich die Erinnerungen an das, was ich ihnen in der Vergangenheit zugefügt habe; viele andere Menschen werden auch in Zukunft noch in meine «Sphäre» kommen.

Alle diese durch mich verursachten Wirkungen zusammengenommen stellen etwas dar, was ich meine «periphere Identität» nenne. Sie ist nicht zu leugnen und ganz real, auch wenn sie nicht lokalisierbar ist. Ebensowenig kann geleugnet werden, daß sie – ganz anders als meine «zentrale Identität» – nach meinem körperlichen Tode bestehen bleibt. Wie lange sie bestehen bleiben wird, darüber kann diskutiert werden. Ich will diese Diskussion gleich damit eröffnen, daß ich die periphere Identität meiner Vorfahren anführe. Falls irgend etwas von der Identität meiner sehr, sehr fernen Vorfahren hier und jetzt, in und an mir fortleben würde, wäre das doch ein Zeichen dafür, daß ihre «periphere Identität» sehr lange bestehen bliebe. Und das tut sie auch. Sie hat nämlich bewirkt, daß ich entstanden bin; konkreter gesagt hat sie mir eine zentrale Identität ermöglicht. Im Prinzip wird sich also meine periphere Identität über meine Kinder, meine Enkel usw. fortsetzen.

Wenn ich den Gedankengang in diese Richtung weiter ausspinne, scheint mir folgende Lösung des Lokalisationsproblems die richtige zu sein: Der Wesenskern des Menschen lebt in einer Art Rhythmus zwischen den beiden Polen einer zentralen und einer peripheren Identität. Zu Zeiten einer Inkarnation erfährt er (vgl. Anm. 46) sich selber bewußt nur an seiner zentralen Identität. Ein Bewußtsein von seiner peripheren Identität besteht eigentlich nur im «Spiegel» des an das Gehirn gebundenen Bewußtseins. Mit dem Tode hören das Bestehen der zentralen Identität und die Spiegelungsfunktion des Gehirns auf. Nach dem Tode lebt der Wesenskern dann einige Zeit ausschließlich in seiner peripheren Identität fort und umkleidet sich nach kürzerer oder längerer Zeit erneut mit einer irdischen Körperlichkeit, die die Basis, das «Substrat» für eine neue zentrale Identität darstellt.

Wie dieser Prozeß «genau» abläuft, dazu gibt es viele Fragen. Sie werden in der anthroposophischen Literatur ausführlich besprochen. Ich gehe hier nicht näher darauf ein, weil das Thema sich vorläufig noch größtenteils meiner Erfahrung entzieht.[70]

Das Erinnerungsmotiv

Von den Menschen, für die Reinkarnation eine Realität ist, erinnert sich doch so gut wie niemand an ein vorhergehendes Leben; jedenfalls nicht in der bei uns – in unserem westlichen Kulturkreis – geltenden Bedeutung des Wortes «sich erinnern». So lautet das am häufigsten angeführte Argument gegen die Vorstellung der Reinkarnation, ein Argument, von dem ich meine, daß es in diesem und in dem folgenden Abschnitt gründlich widerlegt werden kann.

Drei Vorbehalte

Den Ausgangspunkt meiner Widerlegung stellen die in den Gegenargumenten enthaltenen drei Vorbehalte dar. Besonders der letzte ist wichtig, nämlich die Bedeutung des «Sich-Erinnerns». Auch über die zwei ersten muß noch etwas gesagt werden.

Es gibt sehr wohl sorgfältig dokumentierte Berichte von Menschen, die für sich in Anspruch nehmen, daß sie sich an ein vorhergehendes Leben erinnern. Diese Berichte geben der Reinkarnationsidee zwar zum mindesten ein gewisses Gewicht, sind für meine Ausführungen hier aber nicht von ausschlaggebender Bedeutung, weil sie – so scheint es wenigstens – vereinzelte und außergewöhnliche «Zufallstreffer» sind. Die Betroffenen können nichts darüber sagen, wie und warum sie zu diesen vereinzelten Erinnerungen gekommen sind. Aus diesem Grunde eignen sich, meiner Meinung nach, solche vereinzelten – wenn auch noch so interessanten – Berichte nicht als Anknüpfungspunkte für das, was ich hier anstrebe: eine sichere und zuverlässige, für jeden begehbare methodische Brücke zu bauen, zwischen der Reinkarnation als allgemeiner Idee einerseits und einem allen Menschen erreichbaren konkreten Erfahrungsinhalt andererseits. Sie werden daher nur am Rande erwähnt. Aus dem gleichen Grunde weise ich auch nur ganz beiläufig auf Berichte hin, die aus Kulturkreisen kommen, in denen – anders als bei uns – Reinkarnation eine allgemein bekannte und gültige Idee ist. Unter ihnen sind die von Stevenson zusammengetragenen, auf

Erinnerung beruhenden Reinkarnationsberichte aus Indien und anderen Ländern ganz besonders interessant; ebenso seine sehr sorgfältigen und kritischen allgemeinen Kommentare und Erklärungen zu diesen Berichten.[71] Seine Ziele und auch der Rahmen seiner Berichterstattung sind aber ganz andere als die meinen, weswegen ein kurzer Hinweis auf seine Werke in den Anmerkungen genügen soll.

Was ist Erinnerung?

«So gut wie niemand kann sich an irgendetwas aus einem vorhergehenden Leben erinnern – jedenfalls nicht in der bei uns gültigen Bedeutung des Wortes ‹sich erinnern›», so wird gesagt.

Aber was meinen wir eigentlich, wenn wir im Alltag von «sich (an etwas) erinnern» sprechen? Es kann im wesentlichen umschrieben werden mit: «eine innerliche Wahrnehmung erfahren», oder: «sich von innen heraus empfinden», «in bezug auf etwas, das in der Vergangenheit geschehen ist». Diese Wahrnehmung wird einerseits durch Sicherheit, Wachheit, Deutlichkeit, Unentrinnbarkeit gekennzeichnet; andererseits – und das kennen wir alle aus eigener Erfahrung – vermischen sich diese Eigenschaften eigentlich bei allen Erinnerungen mit Zweifeln, Verschwommenheit und Unklarheit und gehen in diese über. Auch die Grenze zu Ausschmückung, Einbildung und Phantasie wird schnell überschritten. So gesehen unterscheidet sich die Erinnerung nicht von unserem Gegenwartsbewußtsein.[72] Unsere Alltagserfahrung lehrt uns aber, daß wir noch ganz andere Aspekte an der Erinnerung unterscheiden können, (und ebenfalls am Bewußtsein).

Im letzten Kapitel wurde schon der Begriff der «biologischen Erinnerung» genannt. Es gibt noch viele andere Situationen, in denen die Begriffe «Erinnerung» oder «Gedächtnis» mit jeweils unterschiedlicher Bedeutung angewendet werden. Einige Beispiele sollen zeigen, wie stark die Bedeutung des Wortes «Erinnerung» variieren kann:

– Wir alle haben unsere Muttersprache im wesentlichen durch Nachahmung gelernt, die durch einige bewußte Übungen ergänzt wurde. Das gleiche gilt z. B. für die richtige Anwendung des Eßbesteckes und der meisten Instrumente, mit denen wir z. B. Autos und zahllose andere Dinge bedienen. Die eigentliche Lernsituation ist oft gänzlich oder zum größten Teil in Vergessenheit geraten. Der Effekt ist geblieben. Er kommt durch zweckmäßiges Handeln zum Ausdruck. Erinnerung? Ja und nein; das hängt davon ab, wie wir den Terminus «Erinnerung» deuten. Meiner Ansicht nach wird er in diesem Fall zu Recht angewendet.

– Das auf S. 21 f. angeführte Beispiel der durch mangelnde liebevolle Zuwendung in den ersten Lebensmonaten und -jahren verursachten Psychopathie soll hier noch einmal herangezogen werden: Soweit wir «normale» Menschen sind – in dem Sinn, daß wir uns mit unserem Verhalten innerhalb der durch die Gesellschaft geforderten Normen bewegen, und, falls wir es nicht tun, dieses echt bedauern bzw. den Drang spüren, es wieder gutzumachen – geschieht das größtenteils völlig unbewußt. Nur in Ausnahmefällen scheint es nicht zu funktionieren. Erinnerung? – dieselbe Antwort!

– Der Romancier Marcel Proust beschreibt in einem stark autobiographisch gefärbten Roman, wie ihm durch den Geschmack eines Kekses vielerlei Eindrücke aus seinen Kinderjahren wieder zum Bewußtsein kamen. Dies ist eines der bekanntesten Beispiele für die zu Beginn dieses Jahrhunderts entstandene und auch in der Psychoanalyse wirksame Strömung, Erinnerungsvorstellungen aus der Kindheit und Jugend nachzugehen.[73]

– Jeder Mensch kennt das Verblassen von Erinnerungen, besonders bei Angstträumen: die gefühlsmäßigen Eindrücke verflachen, verschwinden, können aber als emotional «neutral» gewordene Bilder durchaus noch erinnert werden. Dasselbe tritt leider allzu oft in bezug auf gute Vorsätze auf: in dem Moment, in dem wir sie ausführen wollen, wissen wir nur noch, daß wir es tun sollten; den heiligen Ernst des Vorsatzes finden wir aber mit bequemeren Überlegungen im Stile von «ach, was ...» vertauscht. Was ist hier die «Erinnerungs»-Komponente? Das Bild, das geblieben ist, weil wir es mit Hilfe unseres Bewußtseins im Gedächtnis verankert haben (vgl. die Bemerkung dazu im ersten «Inkarnationsbericht»,

S. 27), oder das Gefühl bzw. der handlungsauslösende Impuls, die verschwunden sind?

– Wenn Tiere weit von zu Hause weggebracht werden, finden sie oft in überraschender Weise den Weg zurück. Brieftauben sind dafür vielleicht das eindruckvollste Beispiel. Die Pflanzen blühen auf, wenn sie die Sonne wiedersehen – Erinnerung? oder geht die Übertragung nun zu weit? Wie wir diese Frage auch beantworten, «Erinnerung» scheint ein dehnbarer Begriff zu sein. (S. Anm. 50 über positive bzw. negative Merkmale «dehnbarer» Begriffe!)

Dreigliedrige Struktur der Erinnerung

Um in die Situation, welche wir mit dem Begriff «Erinnerung» umrissen haben und die sich bei näherer Betrachtung als ziemlich unübersichtlich herausstellte, etwas Struktur und Ordnung zu bringen, möchte ich die zwei nun folgenden Überlegungen als Orientierungspunkte zu Hilfe nehmen:

1. Das ganze «Spektrum» der Wahrnehmungen und Funktionen, die der Begriff «Erinnerung» umfaßt, kann in zwei «Pole» und einen zwischen den Polen liegenden «Zwischenbereich» eingeteilt werden.[74] Den einen Pol stellen das wache Bewußtsein, die Bilder mit scharfen Konturen und die begründeten, nicht anzuzweifelnden Normen dar, von denen uns bewußt ist, daß und in wieweit sie unser Verhalten bestimmen. Wir nennen ihn den *Bewußtseinspol.*

Der andere Pol ist der der *reinen Intuition*, der beinahe instinktiven Sicherheit unseres Willens und Handelns, die sich zwar auf Lernsituationen aus der Vergangenheit gründet und von daher in das Spektrum der Erinnerung hereinpaßt, auf die der Begriff «Erinnerung» aber doch nur in einem abgeleiteten und übertragenen Sinne anwendbar ist.[75]

Zwischen diesen beiden Polen liegt das «Gebiet» der Gefühle und Gemütsstimmungen wie Kummer, Erwartung, Befriedigung, Enttäuschung und Frustration, Angst usw. Es hat teils Vorstellungs- und Bewußtseins-, teils Verhaltenscharakter. Einerseits kann es mit einer hell erleuchteten «Bühne» verglichen werden, die unserem bewußt gesteuerten Willen unterworfen ist, andererseits mit einer Art «Tümpel», in dem allerlei unbeherrschte Triebe, Begierden, Anfechtungen, Lust- und Unlustempfindungen und anderes «Ungetier» sich regen. Dieses «Teils-Teils» und «Einerseits-Andererseits» darf aber unter keinen Umständen statisch gesehen werden; es herrscht nämlich ständige Bewegung, ein dynamisches Wechselspiel zwischen den hellen Bewußtseinsaspekten und den düsteren Verhaltensaufwallungen.

Vergessen ist nützlich

2. Die negativen Aspekte der Erinnerung, wie z. B. ihre Undeutlichkeit, die im «Vergessen» gipfeln, haben auch eine positive Seite. Durch das Vergessen wird eine ganze Menge «Bewußtseinsballast» über Bord geworfen. Das Leben wäre unerträglich, wenn wir alle Lernsituationen – die der Muttersprache, des Umgangs mit dem Eßbesteck usw. – in unserer Erinnerung mitschleppen müßten. Der damalige Bewußtseinsinhalt wurde in die Fähigkeit, spezifisch zu handeln, in Verhalten umgewandelt, metamorphosiert. Es bleibt sozusagen ein «Extrakt» der Lernsituationen übrig, welcher unser Verhalten gemäß dem Inhalt der jeweiligen Lernsituation von damals bestimmt und lenkt.[76]

Glücklicherweise vergessen wir auch viele Gefühlsaspekte aus dem mittleren Bereich. Schuld und Scham über begangene Übeltaten, Angst vor Strafe und ähnliche Gefühle verlieren ihre lähmende Wirkung, zumindestens etwas davon. Die eindeutig positive Wirkung dieses Vergessens liegt darin, daß sich die genannten Gefühle zu Willensimpulsen metamorphosieren können, das getane Unrecht wiedergutzumachen, innerlich und äußerlich wieder in Ordnung zu bringen, was in der Vergangenheit ungut war.

Das Bewußtsein von dem «Verkehrten» sinkt in den unterbewußten Teil der Erinnerung ab. Das kann auch ein bewußt gewollter Prozeß sein. Bewußt oder unbewußt, in beiden Fällen führt es zu dem gleichen Ergebnis. Der Gesamtinhalt einer unrechten Tat, bestehend aus bewußtem Vorstellungsinhalt, Gefühlen und den Wirkungen, die der Tat entsprungen sind, «entmischt» sich: der reine Vorstellungsinhalt wendet sich dem bewußten Pol, der Willensimpuls, der die Wirkungen in etwas Positives umwandeln möchte, dem anderen, dem Verhaltenspol zu. Und die kaum bewußte Mitte, in der zuerst noch Reue und Scham rumorten, kann mit Hilfe des Bewußtseins anhand eines klaren Erkennens dieses inneren Läuterungsprozesses aufgehellt werden. So brauchen wir nicht ständig an den Schuldgefühlen zu kranken. «Ni regret du passé, ni peur de l'avenir» («Weder Scham über die Vergangenheit, noch Angst vor der Zukunft») sagt ein altes französisches Sprichwort. Das paßt genau zu dem modernen Zeitgeist und zu dem Geist, bei dem ich die Inspiration zu diesem Text suche. (Am Rande bemerkt: der Prozeß, den ich hier «negativ» gezeichnet habe, kann auch «positiv» erscheinen.)

Erinnerung an frühere Inkarnationen?

Kernpunkt dieser Ausführungen ist nun, daß wir diese unter 2. genannten Verhaltensaspekte der Erinnerung zwar nicht als Erinnerung erleben, daß aber durch eine ohne große Komplikationen vollziehbare Erweiterung des Begriffes «Erinnerung» ein neuer, interessanter Zusammenhang zutage getreten ist; nämlich der, daß die Fähigkeit zu spezifischem Handeln und Verhalten, die eine direkte oder indirekte Folge früherer Erfahrungen und Erinnerungen darstellt, als ein Aspekt oder als eine Funktion der Erinnerung betrachtet werden kann.

So gesehen wird die Tatsache, daß wir uns normalerweise nicht an ein vorhergehendes Leben erinnern (in der gewöhnlichen Bedeutung von: sich «bewußt» erinnern) in ein ganz anderes Licht gerückt. Das Erinnerungsmotiv kann – so gesehen – sogar, wenn wir es, wie oben geschehen, als den hier gemeinten Aspekt des Vergessens herausarbeiten, als ein vorsichtiges Argument «für» die Reinkarnation gelten; ist also kein absolutes Gegenargument. Es gehört nicht viel Phantasie dazu, um einzusehen, daß das Leben für die meisten Menschen – wahrscheinlich für uns alle – eine nicht zu bewältigende Aufgabe darstellen würde, wenn wir alle Erinnerungen an vorhergehende Erdenleben als bewußten Empfindungs- und Gefühls-«Ballast» mitschleppen müßten. Der folgende Gedanke erscheint so in einem ganz anderen Licht: Unserer Identität wäre ein völlig vergessener und unbewußt gewordener «Extrakt» aus vorhergehenden Leben einverwoben; und dieser «Extrakt» würde nun als ein wesentliches Motiv unser Verhalten mitbestimmen.

Wieder ein anderes Problem ist das, daß wir uns von der Herkunft, dem genauen «Einflußbereich», der Wirkungsweise und anderen Besonderheiten dieses Motives (noch) kein klares Bild machen können. Das ist jetzt noch so und wird auch noch einige Zeit so bleiben; es kann aber durchaus anders werden. Auch ein weiteres Problem ist noch ungelöst: Bei allen angeführten Beispielen – Muttersprache, Eßbesteck, tierartige Instinkte usw. – ist eine materiell kontinuierliche Identität vorhanden, die die Erinnerungen bewahrt: das Gedächtnis. Es steht ohne Zweifel im Zusammenhang mit unserer Körperlichkeit und stellt somit eine Art «Substrat» dar, mit dessen Hilfe sich die Erinnerungen abspielen. Von diesem «Lagerplatz», dem Gedächtnis aus, können unsere Erinnerungen unser Verhalten beeinflussen (die Erklärung der Art, in der sie das tun, ruft in diesem Zusammenhang keine besonderen neuen Probleme hervor). Im übrigen ist da noch ein Element der «sozialen Kontrolle»: ältere Menschen, z. B. die Eltern und andere, können dadurch, daß sie uns erzählen, was früher einmal mit uns geschehen ist, unsere vagen Erinnerungen bestätigen. Eine derartige soziale Kontrolle oder ein kontinuierlich-materielles Substrat, das über mehrere Inkarnationen besteht, kennen wir allerdings nicht. Aber mit der Frage nach dem materiellen Substrat stoßen wir wieder auf das Lokalisationsproblem des Wesenskernes. Was ich darüber zu sagen hatte, habe ich ja in dem vorangegangenen Kapitel schon erwähnt.

Das Vergeltungsmotiv: ein Einschub

Die Auseinandersetzung mit dem Vergeltungsmotiv führt zu interessanten neuen Aspekten der Reinkarnationsidee. Vor allem wird hier deutlich, wie beweglich die Gesichtspunkte im Hinblick auf die Reinkarnation und die damit zusammenhängenden Themen schon jetzt sind und wie notwendig es ist, daß sie noch viel mehr in Bewegung geraten.

Höllenstrafe und Belohnung des Himmels

Der Zugang zum Vergeltungsmotiv liegt auf der Hand: wer in diesem Leben Gutes oder Verkehrtes getan hat, ohne dafür adäquat belohnt bzw. bestraft zu werden, wird im folgenden Leben zum Zuge kommen bzw. die Rechnung bezahlen.[77] Das ist zweifellos ein fruchtbarerer Gesichtspunkt angesichts von Gut und Böse als die traditionelle Vorstellung von der himmlischen Belohnung und der Höllenstrafe, die beinhaltet, daß die positiven bzw. negativen Folgen – die als definitiv betrachtet werden – von oben herab durch eine Instanz zugeteilt werden, die völlig außerhalb des Menschen wirkt und tätig ist. Das oben erwähnte auf Lohn und Strafe beruhende Reinkarnationsmotiv hingegen spricht die Betroffenen wenigstens auf ihre menschlichen Eigenschaften an; sie können aktiv Stellung beziehen zu den Konsequenzen ihrer Taten. Auf den ersten Blick scheint sich dieses Motiv ausgezeichnet als ein Argument für die Reinkarnation zu eignen. Tatsächlich ist es aber – jedenfalls so, wie es hier formuliert wurde – zu primitiv und zu trivial, um es wirklich gebrauchen zu können. Bei näherem Hinschauen stoßen wir auch auf allerlei unüberschaubare Probleme: Was ist z. B. unter «Belohnung» und «die Rechnung präsentiert bekommen» (diese Formulierung ist absichtlich so vage gehalten) zu verstehen? Wenn wir nicht aufpassen, verfallen wir ganz schnell primitiven und überholten Moralismen: Menschen, die Reichtum und Erfolg genießen, meinen, das sei Ausdruck der gerechten Belohnung für ihr gottgefälliges Leben bzw. für ihre guten Taten im vergangenen Leben; die

Stiefkinder des Glückes müssen sich aus entsprechenden Gründen in ihr genauso gerechtfertigtes wie unglückliches Leben schicken. Bei dieser primitiven Vorstellung von Ursache und Folge spielt es keine Rolle, ob eine hier und heute gegebene «Anordnung von Gott» oder die Folgen eines vorhergehenden Lebens die Quelle der erklärten guten oder schlechten Lebensumstände darstellen. Dieses Argument wird allzu leicht von denen, die begütert und erfolgreich sind und daher Macht haben, mißbraucht, um ihren Reichtum und ihre Macht zu rechtfertigen und zu festigen.

Schuldbewußtsein und Strafe

Dieser Mißbrauch ist allerdings nur bei der oben angeführten trivialen Formulierung möglich. Wenn wir nämlich die Sache tiefer fassen, kann das Vergeltungsmotiv auch ganz anders aussehen. Besonders, wenn wir es in einen Zusammenhang stellen mit den modernen Ansichten der Kriminologie und mit der Bewegung, die sich abzeichnet, was die Auffassungen über Verbrechen, Strafe und Vergeltung sowie die Fürsorge für die Psychopathen anbetrifft, so eröffnen sich ganz neue Perspektiven. Die Zeiten sind vorbei – wenigstens in den etwas aufgeklärteren Teilen der Welt –, in denen ein Staatsanwalt ausrufen konnte: «Herr Richter, dieser Mann ist ein geborener Verbrecher; deshalb muß er streng bestraft werden!»[78] Ein derartiger Ausruf würde heute sofort als ungerechtfertigt und unsachlich entlarvt werden. (Für diesen Fall gilt, was Talleyrand sagte: «pire qu'un crime, une faute» – «schlimmer als ein Verbrechen, ein Versehen!») Die Behauptung, ein Mensch, dessen Lebensweg tatsächlich von Vergehen zu Vergehen führt, sei ein geborener Verbrecher und verdiene deshalb schwere Strafe, wird durch die auf S. 21 schon erwähnten modernen Einsichten in die Entwicklung sogenannter geborener Verbrecher als absurd, unlogisch und rein emotional abgelehnt. Ganz allgemein gehen heute die Ansichten dahin, daß es gar keine «geborenen Verbrecher» gibt. Auch die Einsichten in die Entstehung der Psychopathie zeigen eindeutig, daß Strafe in diesen Fällen absurd wäre. Von Strafe kann doch nur dann sinnvoll gesprochen werden, wenn Schuld da ist, und von Schuld kann nur dann die Rede sein, wenn ein sicheres Bewußtsein vorhanden ist von dem, was erlaubt und was verboten ist, von Gut und Böse. Auf dieses Bewußtsein kann sich eine größere oder geringere Verantwortlichkeit und Haftbarkeit gründen. Wie kann aber jemand verantwortlich gemacht werden dafür, daß er Gut und Böse nicht unterscheidet, wenn sich die elementaren Sinne, die diese Unterscheidung vornehmen, aufgrund der Umstände in den ersten drei Lebensjahren gar nicht entwickeln konnten?

Soweit in groben Zügen das Kernthema der modernen Kriminologie, das praktisch in zahlreichen Varianten und abgeschwächten Formen zum Ausdruck kommt. Immer geht es dabei um die Beziehung, um die Wechselwirkung zwischen dem einzelnen Individuum und den Einflüssen, die aus der Peripherie kommen. Von daher ist es auch moralisch nicht zu verantworten, die Gewissensfunktionen immer und ohne Vorbehalt ausschließlich mit dem einzelnen Individuum in Zusammenhang zu bringen. Die Tendenz, doch so wie der oben erwähnte Staatsanwalt zu handeln, ist Ausdruck einer überholten Überbewertung, einer einseitigen und daher verzerrenden Betrachtung des Individuums und der Verkennung der Wechselwirkung, die zwischen dem Individuum und der Umwelt stattfindet. Die «Strafe» müßte eigentlich in einem Wiedergutmachen dessen bestehen, was in den ersten Lebensjahren verfehlt wurde.

Wer wird ein verbrecherischer Mensch?

Es ist hier nicht der Ort, um einen Exkurs über die paradoxen, unter den heutigen gesellschaftlichen Verhältnissen praktisch unlösbaren Probleme der Kriminologie und der Psychopathenfürsorge zu machen.[79] Die kurzen Andeutungen, die ich darüber gemacht habe, reichen meines Erachtens aus, um plausibel zu machen, warum es ausgerechnet in diesem Wissenschaftsbereich radikale Tendenzen gibt und warum gerade auf diesem Gebiet auch meist weitreichende gesellschaftliche Veränderungen befürwortet und angestrebt werden. Wenn die aufgezeigten Probleme gelöst werden sollen, müssen diese Veränderungen sicher auch kommen. Das alleine reicht aber noch nicht aus. Um auch nur eine annähernd passende Vorstellung von diesen Problemen zu bekommen, muß ein neues Menschenbild entstehen. Das ist aber nicht Sache einer abstrakten, ungreifbaren «Gesellschaft», das geht jeden von uns an. Rudolf Steiner hat ganz konkrete Übungsanleitungen dazu gegeben, z. B.: Immer, wenn du einem Menschen begegnest, der etwas verkehrt macht, versuche dir vorzustellen, wie es sein würde, wenn er alle die Fürsorge und Aufmerksamkeit bekommen hätte, die dir in der Erziehung zukam und umgekehrt. Das Verhalten, mit dem der andere Mensch auftritt, sagt noch nichts aus über das, was er seinem Wesenskern nach ist.[80]

Übungen solcher Art wurden nicht explizit im Zusammenhang mit Reinkarnationsfragen gegeben; ebensowenig steht die moderne Kriminologie an sich in Zusammenhang mit der Reinkarnation. Sie sind aber wichtige Schritte auf dem Weg zu einem Menschenbild, das für die Lösung des Reinkarnationsrätsels eine notwendige Voraussetzung darstellt.

Mit alldem soll aufgezeigt werden, wie sich – ausgehend von der Idee der Reinkarnation – Ausblicke eröffnen auf neue Zusammenhänge zwischen Bewußtsein und Verhalten, zwischen Erinnerung, Vergessen und (Ge-)Wissen, zwischen Schuld, Vergeltung und dem Willen, Falsches, durch das Schuld entstand, wieder richtigzustellen und gutzumachen. Es sind tatsächlich nur Ausblicke. Ihre Bedeutung liegt meines Erachtens in dem von ihnen ausgehenden Hinweis auf die Tiefe der Schichten, in denen sich die Probleme von Schuld und Sühne zumeist abspielen; das geschieht nämlich im tiefsten Grunde, im Wesenskern des Menschen – tiefer und zentraler, als die Wurzeln des in unserer heutigen Kultur gängigen Menschenbildes reichen. Dieses gängige Menschenbild bietet für diejenigen, die durch wesentliche Mängel in der Erziehung nicht die geringste moralische Basis für ihre Persönlichkeit schaffen konnten, keinerlei Hoffnung. Intuitiv wird diese Hoffnungslosigkeit nicht akzeptiert. Daher das Interesse an einer neuen Kriminologie.[81] Ein theoretisch untermauertes Menschenbild, das den Gegensatz zwischen unserer Intuition und den Konsequenzen des gängigen Menschenbildes aufhebt, ist aber noch nicht vorhanden. Von diesem Gesichtspunkt aus haben beide Themen, sowohl das der Reinkarnation als auch das der Fragen nach Schuld und Sühne, gemein, daß sie für die hier oben genannten Zusammenhänge eine vollkommen neue Betrachtungsweise fordern. Aus diesem Grund schien mir dieser Einschub sinnvoll zu sein.

Die Biographie

Das Thema «Biographie» ist in den letzten Jahren stark ins Blickfeld gerückt.

Immer mehr theoretische Studien widmen dem Lebenslauf des Menschen ihre Aufmerksamkeit. Dabei spielen Begriffe wie «Menschenbild», «Lebensentwurf», «Lebensabschnitt» oder «Lebensepisode» und andere eine zentrale Rolle. Angewandt werden diese Studien in Bildungseinrichtungen aller Art, an der Volkshochschule, in der Berufsberatung, in Beratungs- und Trainingszentren für persönliche Entfaltung und unmittelbar für therapeutische und seelsorgerische Kontakte. Es drückt sich darin etwas Neues aus, nämlich die Einsicht, daß die Biographie eines jeden Menschen eine «Entität», eine Ganzheit darstellt, ein «Objekt» wissenschaftlicher Untersuchung oder, poetischer gesagt, ein «Wesen» mit einer ihm eigenen Struktur. Das einzige, wenn auch charakteristische Merkmal dieser Struktur, welches sie von anderen «strukturierten» Dingen unterscheidet, besteht darin, daß sie nicht in räumlicher Form, sondern allein in der Zeit erscheint. Um dieses Merkmal zum Ausdruck zu bringen, wurde mit Recht der Begriff «Zeitgestalt» eingeführt.[82] Abgesehen von diesem Unterschied sind dem Lebenslauf tatsächlich alle die Merkmale eigen, die mit dem Begriff «Struktur» verbunden sind: Er weist z. B. einen gesetzmäßigen Aufbau nach bestimmten allgemeinen Grundregeln auf. Diese Grundregeln sind – je nach den Umständen und mit individuellen Variationen – in jedem der «Exemplare» wiederzufinden. Die Biographie zeichnet sich weiterhin sowohl durch eine Wechselwirkung mit der Umgebung aus – wobei die Wechselwirkung ihrerseits auch wieder zum großen Teil gesetzmäßig abläuft – als auch durch das Vorhandensein größerer mikro- und makrosozialer Zusammenhänge, in denen sie sich abspielt. Das Spezifische an der Zeitgestalt des menschlichen Lebenslaufes, der in die Polarität von biologischer Determiniertheit und geistiger Freiheit eingespannt ist, äußert sich im Auftreten von *Entscheidungsmomenten*. Durch sie erhält jede Biographie einen absolut einzigartigen Charakter, durch den alle strukturellen Gesetzmäßigkeiten jeweils individuell gefärbt werden.[83]

Lebensentwurf

Wer sich einmal die Mühe gemacht hat, sich in der hier angedeuteten Weise mit seiner eigenen Biographie oder derjenigen anderer Menschen auseinanderzusetzen, wird sicherlich etwas von dieser Struktur erkannt haben. Im Rückblick auf einen Lebenslauf ist in vielen Fällen, wenn auch oft mehr intuitiv als verstandesmäßig, etwas von dem skizzierten gesetzmäßigen Aufbau zu erkennen.[84] Das ist allerdings nicht ganz einfach; viele Irrtümer können dabei unterlaufen. Das Schwierige besteht darin, die Illusionen, Einbildungen und «Aha-Erlebnisse» von der echten Wahrnehmung unumstößlicher Tatsachen zu unterscheiden.

Aber schwierig heißt nicht unmöglich. Sowohl eigene Erfahrungen als auch Berichte anderer weisen darauf hin, daß es sehr wohl möglich ist, in der Biographie zumindest die «Umrisse» desjenigen zu erkennen, was «Lebensentwurf» oder «Lebensplan» genannt werden kann. Dieser «Lebensplan» läßt sich in erster Linie im Gefühlsbereich, der zwischen sicherem Wissen und Willkür liegt, erkennen. Auch sein Inhalt zeigt sich uns in dem Zwischenfeld, das von strenger (in diesem Fall biologischer) Determiniertheit einerseits und absoluter (hier geistiger) Freiheit andererseits begrenzt wird. Meiner Erfahrung nach hat er noch am ehesten den Charakter eines Vorsatzes, den ich irgendeinmal in Freiheit gefaßt habe und an den ich nun gebunden bin; den Moment des Vorsatzes und die Umstände, unter denen mein Entschluß zu diesem Lebensplan zustande gekommen ist, habe ich aber «vergessen». («Vergessen» im Sinne der im vorhergehenden Kapitel beschriebenen Erinnerungsfunktion.)

Mit der Feststellung, daß in der Struktur der Biographie so etwas wie ein «Lebensentwurf» gefunden werden kann, tritt zugleich die Frage nach dessen Ursprung auf. Mir scheinen zwei Antworten möglich: einmal kann der Plan im Laufe des (irdischen) Lebens einfach aus der Wechselwirkung zwischen der Erbanlage und den Umwelteinflüssen aus der Umgebung heraus entstanden sein, zum anderen können außerdem noch Elemente beteiligt sein, die aus einer dritten Einflußsphäre stammen. (Eine dritte, streng logisch gesehen genausogut vorstellbare Möglichkeit, daß nämlich der Lebensplan ausschließlich aus dieser dritten Sphäre kommt, lasse ich aus zweierlei Gründen außer acht: Erstens, weil sie die oben erwähnte biologische Determiniertheit einfach durch eine geistige ersetzen würde. Das läßt sich meines Erachtens nicht mit der Empfindung der Freiheit vereinbaren. Zweitens, weil wir – wenn wir sowohl die Wechselwirkung zwischen unserer Erkenntnis von «etwas» und den Merkmalen dieses «etwas» als auch die Tatsache, daß wir uns bis zu einem bestimmten Grade als frei erfahren, einmal als gegeben annehmen –, niemals etwas von einem «Lebensplan» erfahren könnten, dessen Herkunft sich unserer irdischen Identität, die ja eine absolute Voraussetzung für unser Erkenntnisvermögen ist, ganz und gar entzieht.[85])

Aus der Beschreibung, die ich vom Inhalt dieses Lebensplanes gegeben habe, geht ja ohne weiteres hervor, daß ich als Antwort auf die obige Frage die zweite Möglichkeit wähle: Unser Lebensplan wird bis zu einem bestimmten Grade durch Einflüsse mitbestimmt, die aus einer Sphäre stammen, die nicht identisch ist mit derjenigen der Erbanlagen und der Umgebungseinflüsse, welche während des jetzigen irdischen Lebens auf uns einwirken. In der Beschreibung dessen, was ich selber als «Lebensplan» erfahre, wird das Wörtchen «irgendwo einmal» verwendet. Es weist ganz ausdrücklich auf diese nicht-irdische Einflußsphäre hin.

Somit ist ein Zugang zu der vorgeburtlichen Dimension gefunden; allerdings nicht aus dem reinen Denken und Erörtern heraus, wie es im zweiten Kapitel angestrebt wurde, sondern aus jener spezifischen Kombination von Denken und Erfahrung, wie sie bei jedem dem Inneren zugewendeten Nachsinnen anzutreffen ist.

Vorgeburtliche Dimension

Das Erkennen einer vorgeburtlichen Dimension, die mitbestimmt, was wir auf Erden tun und lassen und was hier mit uns geschieht, beinhaltet noch nicht ohne weiteres die Realität von Reinkarnation. Die 1979 verstorbene Anthropologin Margaret Mead hat in ihrem hochinteressanten Buch «Culture and Commitment» (Kultur und Engagement) eine Anschauung entwickelt, die – ohne daß die Reinkarnation direkt genannt wird – vollständig mit der hier entwickelten Idee eines vorgeburtlichen Seins im Einklang steht. In diesem Buch werden drei Kulturtypen unterschieden: der postfigurative, der configurative und der präfigurative Typ. In postfigurativen Kulturen sind (oder besser waren, denn Kulturen dieser Art bestehen nicht mehr) Vorfahren und Tradition maßgebend für alles das, was die Menschen heute und hier denken, fühlen und tun müssen bzw. dürfen. In den configurativen Kulturen bestimmen die jetzt lebenden Erwachsenen selber, was geschieht. Nach Margaret Mead ist auch dieser Kulturtypus im Untergang begriffen; die Situation der heutigen Welt läßt erkennen, daß uns die Probleme, die wir in solchem configurativen Wirken geschaffen haben, haushoch über den Kopf gewachsen sind.

Für ein Weiterbestehen der Menschheit ist eine neue Quelle der Weisheit und Inspiration nötig, aus der die kommenden Generationen schöpfen können, um mit dem durch uns angerichteten Elend fertig zu werden. Unsere Kinder werden tatsächlich die Weisheit selber mitbringen müssen und zwar aus einer «Dimension», zu der wir keinen Zugang haben. Daher der Begriff «präfigurativ». Er wurde durch Margaret Mead eingeführt und weist auf einen Kulturtypus hin, der ihrer Meinung nach der einzige ist, der noch Überlebenschancen für die Menschheit bietet.[86]

Diese Betrachtungsweise ist fesselnd und sicher ganz ernst zu nehmen; sie ist meiner Meinung nach aber nicht umfassend genug. Die Idee einer vorgeburtlichen Dimension als Inspirationsquelle grundlegend neuer Ideen für die Zukunft bleibt eben nur eine Idee, solange der konkreten Erfahrung kein Zugang dazu geschaffen wird. Und das wiederum ist nur dann möglich, wenn diese Dimension selbst auch Struktur, Inhalt und Gestalt annimmt. Diese Forderung läßt sich meines Erachtens auch wieder nur dann realisieren, wenn die skizzierte Idee einer allgemeinen vorgeburtlichen Dimension erweitert, nuanciert, mit konkretem Inhalt versehen, innerlich strukturiert und dadurch so «gefestigt» wird, daß sie zu einem solchen Bewußtsein, zu einer derartigen Erkenntnis der Reinkarnation wird, wie ich sie hier darzustellen versuche.

Die Lehre von der Biographie

Soweit ein paar allgemeine Bemerkungen über die Biographie und darüber, wie – ausgehend vom Reinkarnationsproblem – mit diesem allgemeinen Thema umgegangen werden kann. Viel mehr weiß ich darüber nicht zu sagen – jedenfalls nicht, sofern ich mich an die Beschreibungen von etwas halten will, das schon vorhanden ist und an Entwicklungen, die jetzt schon im Gange sind – zumal ja der Rahmen dieses Textes absichtlich eng gefaßt ist und das Ganze mehr oder weniger Versuchscharakter hat.

Zur Abrundung des Gesagten noch eine Bemerkung. Sie bezieht sich nicht so sehr auf schon Vorhandenes oder in der Entwicklung Befindliches, sondern auf einen neuen Impuls, von dem jetzt erst die allerersten Anfänge zu erkennen sind; auf eine Erneuerung, die – davon bin ich überzeugt – kommen muß und kommen wird.[87]

Obwohl es ein neuer Impuls ist, läßt sich sein Inhalt leicht umschreiben: er besteht aus der Synthese der vorher genannten Aspekte des Biographieproblems. In unserer Kultur ist sowohl das Studium der Biographie des Menschen und die Theoriebildung darüber als auch die praktische Anwendung von so gewonnenen Einsichten allgemein bekannt. Auch die Idee eines «Lebensentwurfes» wird von vielen für sie selber als Realität erlebt. Es gibt aber in unserer heutigen Kultur noch keine allgemeine Lehre vom menschlichen Lebenslauf, keine Ausarbeitung praktischer Anwendungsmöglichkeiten aus einer solchen Lehre, die sich auf die Betrachtung des «Lebensentwurfs» – ausgehend vom Gesichtspunkt der Reinkarnation – gründen würde. Auf dem Papier ist es nicht schwierig, aufzuzeigen, wie eine derartige Biographielehre Bestandteil der offiziellen Kultur werden kann. So wie wir im vergangenen Jahrhundert einsehen lernen mußten, daß jeder Mensch ein Recht auf gesunde körperliche Entwicklung hat und daß aus diesem Grunde die vorsorgenden und gesundheitsfördernden Maßnahmen allen zugänglich sein müssen, so müssen wir heute die Einsicht gewinnen, daß jeder Mensch ein Recht auf einen Lebenslauf hat und zwar auf einen solchen, wie er hier oben angedeutet wurde.[88]

Auf dem Papier läßt sich das – wie gesagt – sehr einfach einrichten; in der Praxis sind dagegen ganz erhebliche Schwierigkeiten zu überwinden. (Dasselbe galt und gilt in vieler Hinsicht übrigens heute noch für die praktische Verwirklichung des Ideals von einer für alle erreichbaren vorbeugenden Gesundheitsversorgung.) Es würde uns nicht weiterführen, auf all diese Schwierigkeiten im einzelnen einzugehen. Ich begnüge mich daher damit, eine der wenigen mir bekannten Initiativen vorzustellen, die etwas von genau dem, was ich hier meine, anstreben.

Eine «Biographie-Initiative»

Seit 1978 werden in einem holländischen Tagungszentrum der «Christengemeinschaft» Arbeitstreffen veranstaltet, deren Thema die Besinnung auf den Lebenslauf ist. Die Initiative ist aus verschiedenen Beweggründen hervorgegangen, zum Teil aus der Erfahrung, daß eine wesentliche Lücke auf dem Gebiet der vielen verschiedenartigen Gruppen und Treffen besteht, die sich mit Persönlichkeitsentwicklung und der Erneuerung der zwischenmenschlichen Beziehungen beschäftigen, aber auch auf dem Gebiet der Therapie. Es fehlte die Möglichkeit, individuell und gemeinsam nachzudenken über die Frage: «Wohin führt mich mein Lebensweg, auf welche Art und Weise gehe ich ihn, gestalte ich ihn?»

Ein weiteres Motiv entsprang dem Wissen, daß in der Tradition der regelmäßigen Besinnung eine einzigartig wertvolle Möglichkeit liegt, sich mit den verborgenen Fragen des Lebens zu beschäftigen, Fragen, die im hastigen Alltag meist beiseite gedrängt werden. In römisch-katholischen Kreisen wird ein solches sich Zurückziehen zur Besinnung traditionell gepflegt; aus anthroposophischer Orientierung heraus kann es eine eigene Gestalt und einen neuen Inhalt bekommen. Dann ist die Besinnung nicht auf Normen gerichtet, von denen ausgehend ein Mensch sein Leben lenkt und die dessen Richtung bestimmen. Man geht vielmehr davon aus, daß der Mensch sich selber als «Biograph» erfährt, der das eigene Leben schreibt, daß er «Subjekt», nicht «Objekt» ist. Daraus ergeben sich dann z. B. folgende Fragen: «Wie hat mein Leben bisher ausgesehen?» – «Welche Grundzüge sind zu erkennen?» – «Kann ich ein Leitmotiv finden?» – «Welche Inspirationsquellen sind mir zugänglich? Nehme ich sie auch in Anspruch?» – «Wie kann und will ich aus der jetzigen Situation heraus weitergehen?» Eine solche Tagung dauert zwei Wochen; die Teilnehmer (5–8) und Begleiter wohnen während dieser Zeit in dem Zentrum.

Der Tagesablauf läßt neben den Zeiten der individuellen Besinnung und der Gruppengespräche Raum für künstlerisches Tun mit Farbe, Töpfern und Musizieren und auch für Arbeiten in der biologisch-dynamischen Gärtnerei. Die Betreuer sind ein künstlerischer Therapeut, ein Sozialpädagoge und ein Geistlicher der Christengemeinschaft.

Diese Initiative will Menschen helfen, ihren bisherigen Lebenslauf besser zu verstehen und anzunehmen, und dazu beitragen, daß sie ermutigt und mit neuen Perspektiven ihre Zukunft vertrauensvoll meistern wollen und können.

Es wird nicht erwartet, daß die Teilnehmer mit der Anthroposophie vertraut sind; erwartet wird allerdings, daß sie sich für sich alleine und gemeinsam, aus freien Stücken, mit entsprechenden Fragen beschäftigen wollen.

Das Thema der Reinkarnation wird dabei nicht ausdrücklich angesprochen, bildet aber den wesentlichen Hintergrund dieser Arbeit bei den Betreuern. Im Vordergrund steht die Besinnung auf den aktuellen Lebensweg und Lebenswandel.

Was ich persönlich darüber denke

Ich bin überzeugt, daß die allerwichtigste Aufgabe der Zukunft für alle Menschen darin besteht, gemeinsam die Idee von der Reinkarnation zu einer Erfahrung zu entwickeln. Das Thema geht alle an. Deswegen wurde der vorhergehende Text auch so allgemeinverständlich wie möglich geschrieben. In diesem letzten Kapitel möchte ich etwas näher auf meine persönlichen Gedanken dazu eingehen und darauf, wie wir, meiner Meinung nach, am besten an dieser Aufgabe arbeiten können.[89]

Was ist das Wichtigste?

Zuerst einmal möchte ich erklären, warum die eben beschriebene Aufgabe meines Erachtens die «allerwichtigste» ist. Ich kann mir vorstellen, daß sehr viele Menschen ganz anderer Meinung sind. Sie werden z. B. sagen: es gibt viel dringlichere Aufgaben, z. B. die, die Erde am Leben zu erhalten angesichts der Bedrohung durch Umweltverschmutzung, Übervölkerung, Atomkriege und dergleichen mehr. Merkwürdigerweise stimme ich dem bis zu einem bestimmten Grade zu; aber es geht hierbei nicht um ein Entweder-Oder, sondern um ein Sowohl-Als-Auch! Ich bin überzeugt, daß das eine das andere bedingt. Diese Überzeugung geht hervor aus der Antwort auf die Frage, für wen wir eigentlich die Erde am «Leben» erhalten wollen. Sicherlich nicht alleine für uns, sondern ebenso für unsere Nachkommen; und zwar um so intensiver, je älter wir werden und je näher unser Abschied von dieser Erde rückt. Dies scheint mir die einzige logische Antwort zu sein. Wie dem auch sei, ich weiß nicht, ob ich persönlich durch sie ausreichend motiviert werden könnte, mich umweltbewußt zu verhalten. Ich bin nicht sicher, ob ich wirklich so altruistisch bin; ob ich mich tatsächlich derartig um andere Menschen, um meine Kinder, Enkel usw. oder auch um die Kinder von meinen Freunden und Mitmenschen kümmere, daß ich rein aus Liebe zu ihnen die notwendige große Kraft aufbrächte, um den Kurs, den die Welt heute eingeschlagen hat, in hoffnungsvollere Bahnen zu lenken. Ich bezweifle das. Und wenn ich genau prüfe, was in mir lebt, stoße ich noch auf anderes. Dann zeigen sich nämlich Gedanken, die vermuten lassen, daß sowohl das moderne Umweltbewußtsein, die Sorge um die Zukunft des menschlichen Lebens auf der Erde, als auch das seit kurzem auflebende Interesse für die Reinkarnation einen gemeinsamen Ursprung haben.

Nach mir die Sintflut?

Meine Gedankenverbindung «Umweltbewußtsein – Reinkarnation» sieht ungefähr folgendermaßen aus: einerseits sollte ich nicht leugnen, daß ich etwas von der Gesinnung in mir habe, die Ludwig XV. vor Zeiten kurz und bündig so ausdrückte: «Après nous le déluge!» – «Nach uns die Sintflut». «Uns» ist hier ganz bewußt ein sogenannter «pluralis majestatis». Seine Majestät meinte ganz platt: «Wenn ich nicht mehr da bin, kann meinetwegen die ganze Welt in einer Sintflut untergehen.» Das ist zwar kein schöner Gedanke: er ist aber wenigstens ehrlich. So ehrlich sagen wir es heute nicht mehr; und so platt lebt das Gefühl auch nicht in mir.

Was für andere Vorstellungen muß ich mir denn über das machen, was nach mir geschieht? Diese Frage bleibt offen – *eine* Antwort kann ich aber schon jetzt mit Überzeugung als unrichtig ablehnen, nämlich die, daß ich zu ewiger Ruhe und Seligkeit in den Himmel eingehen werde, ohne weiterhin irgendeine Verbindung oder Beziehung mit dem zu haben, was auf der Erde geschieht. Ich könnte natürlich auch ohne weiteres wie Ludwig XV. denken: «Nach mir die Sintflut». Oder: «Was auch immer kommen mag: in meiner himmlischen Seligkeit habe ich damit doch nichts mehr zu tun, folglich auch keine Möglichkeit, in irgendeiner Weise verantwortlich einzugreifen.»

Es gibt nur weniges, was mir so unsinnig und so wenig einfühlsam vorkommt, wie dasjenige, was Angehörige von Verstorbenen manchmal in Todesanzeigen drucken lassen. Da wird den lieben Hingegangenen «... ewige Ruhe und Seligkeit» gewünscht. Ewig arbeitslos bleiben zu müssen, während die Erde inzwischen vielleicht vergeht, scheint mir persönlich die schlimmste Höllenstrafe zu sein.

Durch Wiedergeburt verantwortlich

Die Vorstellung von einem Jenseits in Form von ewiger Ruhe und Seligkeit ist für mich, wie gesagt, unakzeptabel und unbefriedigend. Und eines meiner stärksten Argumente für die Reinkarnation besteht darin, daß sie dieses Jenseits und dessen Sinn ein für allemal in ein total anderes Licht rückt. Sie läßt keine Möglichkeit offen, sich in eine Haltung zu flüchten, wie z. B. diese: «Wenn *ich* nicht mehr lebe, dann sollen die Hinterbliebenen doch selber sehen, wie sie die Gefahr der Sintflut abwenden – meine Sorge ist das dann nicht mehr.» Durch die Reinkarnation bleiben wir auf die Erde bezogen. Und zwar stelle ich mir das so vor, daß sich diese Bezogenheit erst einmal in Form einer einzigartigen Erinnerungserfahrung von dem soeben beendeten irdischen Leben darstellt. Das Einzigartige besteht darin, daß die Erfahrung nicht mehr durch kurzfristige, kleine, egozentrische Sorgen und Kümmernisse geschwächt und getrübt wird. Eigentlich ist es dann erst möglich, ein wirkliches Bild zu bekommen von unserer wahren Identität in der gerade abgelaufenen Inkarnation. Anschließend und unter anderem als Effekt der Erinnerungserfahrung entsteht dann die Sehnsucht, wieder auf die Erde zurückzukehren. In diesem Wunsch lebt immer das Streben, die weniger erfolgreichen Bemühungen, die wir unternommen haben, um die Erde zu bereichern, noch einmal wiederholen zu können. Und so kommen wir wieder zurück. Zuerst einmal liegt dann alles das, was wir vorher erlebt haben, in völliger Vergessenheit: jedenfalls ist es uns nicht bewußt. Das eben genannte Streben ist aber unserem «Lebensentwurf» unbewußt einverwoben: nur so kann es verwirklicht werden, ohne das Schuld und Scham die Bemühungen um Wiedergutmachung untergraben. In dieser Hinsicht ist die Vergeßlichkeit also eine ausgesprochen positive Sache. Das Argument des «Nichterinnerns» ist zu einem Argument für die Reinkarnation geworden!

So ungefähr stelle ich mir das eine oder andere vor. Und anhand dieser Vorstellung kann ich vielleicht deutlich machen, welche Verbindung zwischen dem besteht, was ich die allerwichtigste Aufgabe nenne und dem, was andere aus sehr verständlichen Gründen als eine viel dringendere Aufgabe sehen: wenn wir versuchen, die Erde bewohnbar zu halten oder zu machen, tun wir das für uns selber. Innerhalb der hier dargelegten Vorstellung weisen die Worte «wir» und «uns» genauso wie «ich» und «mir» aber auf wesentlich umfassendere Dimensionen und wesentlich größere Inhalte hin, als das im alltäglichen Sprachgebrauch geschieht, der unsere Identität durch eine einmalige Geburt und den Tod begrenzt.

Eigeninteresse

Mit der vorhergehenden Darstellung entkräfte ich meinem Empfinden nach einen möglichen Einwurf, daß nämlich, so gesehen, die Reinkarnation doch eine ganz eigennützige Angelegenheit sei. Bis zu einem gewissen Grade ist das auch wirklich der Fall; aber sowohl das Wörtchen «eigen-» als auch die Begriffe «Interesse» oder «Nutzen» haben in diesem Zusammenhang eine völlig andere Bedeutung als im gewöhnlichen Sprachgebrauch.

Wenn wir in diesem Sinne weiterdenken, können wir sogar das gegen die Reinkarnation eingesetzte Argument, der «Glaube» an die Reinkarnation stelle nur einen illusorischen Versuch dar, die Zukunft für das eigene Ich zu sichern, umwandeln in ein Argument für die Reinkarnation. Denn offensichtlich ist es so, daß derjenige Teil unserer Identität, der sich auf das «kleine Ich» bezieht, das ganz und gar in trivialen, irdischen Sorgen aufgeht, nach unserem Tode vergeht. Nur der Teil der Identität wird bestehen bleiben und weiterleben, der «brauchbar» ist, um in der folgenden Inkarnation weiter auf das Ziel hinzuarbeiten. Es ist allerdings schwierig, zwischen diesem «kleinen Ich» und unserer großen, umfassenderen Identität, die auf die kommenden Inkarnationen hinlebt, zu unterscheiden. Auf dem Papier geht das noch verhältnismäßig einfach; praktisch ist es sehr schwierig. Scheinbar triviale und kleine, niedrige Tätigkeiten können sehr edlen und wesentlichen Motiven entspringen; aus dem Inhalt der Tätigkeiten geht noch nichts über deren wesentliche Bedeutung hervor. Einen Garten bearbeiten, Texte mit der Maschine schreiben und abziehen und zahllose andere Tätigkeiten können dem höheren Ziel dienen oder sogar unentbehrlich dafür sein. Entscheidend ist nur der große Zusammenhang, in dem sie ausgeführt werden und die Gesinnung, aus der heraus sie inspiriert wurden. So können umgekehrt scheinbar sehr erhabene Tätigkeiten in Wirklichkeit aus äußerst kleinlichen Beweggründen heraus entstehen und allein deshalb von geringem Nutzen oder sogar schädlich für das Bestreben sein, nach Ablauf dieser Inkarnation weiterarbeiten zu können. Nicht nur für mich ist es ein Problem, zwischen beidem zu unterscheiden und das Gleichgewicht zwischen den Tätigkeiten zu finden, die dem kleinen trivialen Ich entspringen und denjenigen Aktivitäten, die tatsächlich dem weiterreichenden Ziel dienen; jeder Mensch, der einigermaßen bewußt versucht, seinen «Kurs» in diesem Leben zu finden, wird diese Schwierigkeit erleben (und zwar auch ohne daß die Reinkarnationsidee im Hintergrund steht).

Dazu noch drei Bemerkungen. Erstens: Aus dieser Sicht wird Reinkarnation etwas, was jeden Menschen angeht; oder anders gesagt: niemand kann sich sein Seelenheil sichern, wenn er seine Mitmenschen sich weiter herumplagen läßt. Wir sitzen alle in einem Boot und keiner von uns kann gerettet werden, solange noch die Gefahr besteht, daß Menschen in das Wasser fallen; solange tatsächlich noch Menschen hineinfallen und fast ertrinken. Zweitens: Es besteht kein Grund, nicht hier und jetzt mit der Arbeit an der Entwicklung unserer eigenen umfassenderen Identität zu beginnen. Es ist vielleicht schwierig, die unmittelbar erfahrbare Identität in die hier gemeinte «größere Identität» zu erweitern – unmöglich ist es nicht. Noch deutlicher formuliert: das «Arbeiten an sich selber» – aus der hier dargestellten besonderen Sichtweise der Reinkarnation heraus – ist nur eine Variante einer viel allgemeineren «Lebensschule», die jahrhundertelang in vielen verschiedenen Formen und Richtungen bestanden hat und auch in unserer Kultur gepflegt wird. Betrachtungen darüber passen nicht in den Rahmen dieser Schrift. Es werden aber im Literaturverzeichnis (S. 149 ff.) verschiedene Autoren genannt, bei denen der Leser Anregungen dazu finden kann. Ich weise in diesem Zusammenhang an erster Stelle auf Rudolf Steiner hin, weiter z. B. auf Zeylmans, Lievegoed, Schaefer und andere. Drittens möchte ich noch auf einen Einwand eingehen, den meine Ausführungen über die Vergeßlichkeit hervorrufen könnten: Wenn das Vergessen so positiv ist, dann sollten wir es doch dabei belassen, und gar nicht erst versuchen, die Reinkarnationsmotive in das bewußte Erinnern heraufzuholen; dadurch wird die günstige Wirkung des Vergessens doch nur zerstört. Meine Antwort darauf lautet: Die gute Eigenschaft des Vergessens in bezug auf Geschehnisse früherer Inkarnationen gehört der Vergangenheit an. Fortschritt bedeutet unter anderem, daß wir das, was in der Vergangenheit mehr instinktiv getan wurde, immer bewußter tun müssen. Nur so gewinnen wir die notwendige Kontrolle über die Ursachen von Fehlern und Fehlentwicklungen. Sie wird nur dadurch erreicht, daß wir das instinkthafte Vorgehen durch ein bewußtes, begründetes ersetzen.

Strategie

Soweit einige Betrachtungen zu meinen Vorstellungen über die Reinkarnation. Ich bin überzeugt, daß sie nicht jedem sofort einleuchten. Die Selbstverständlichkeit, die die Reinkarnationsidee für mich hat, hängt zweifellos damit zusammen, daß ich in einem Milieu aufgewachsen bin, in dem die Reinkarnation als problemloser, selbstverständlicher Tatbestand galt. Und um diesen besonderen Tatbestand zu einem ganz allgemein anerkannten werden zu lassen, bedarf es allerdings weit mehr als nur des Druckens einiger tausend Worte.

Die nun folgenden Bemerkungen beziehen sich auf die «Strategie», die wir anwenden können, um die Reinkarnationsidee in eine

Erfahrung umzuwandeln. Ich möchte ihnen das schon auf S. 55 zitierte Sprichwort voranstellen: «Le temps ne respecte rien qui s'est fait sans lui» – «Die Zeit nimmt auf nichts Rücksicht, was ohne sie zustande gekommen ist»; das bedeutet, daß ein langer Atem nötig ist, um das Reinkarnationsmotiv «in den Griff» zu bekommen. Aus diesem Grunde nehme ich an, daß weder wir, d. h. die Menschen dieser Generation, noch unsere Kinder oder Enkelkinder erreichen werden, wonach wir streben müssen. Es wird noch viel Zeit zur Verwirklichung dieser Aufgabe nötig sein.

Ich möchte hier noch auf einige Fragen eingehen, die scheinbar gar nichts oder nur am Rande etwas mit der Reinkarnation zu tun haben. Wie schon auf S. 54 erklärt, sind ja auch bei der historischen Entwicklung anderer zentraler Begriffe Beiträge und Entwicklungen aus entfernten Lebens- und Wissenschaftsbereichen beteiligt und notwendig gewesen.

Ist die Reinkarnation empirisch nachweisbar?

Der vorangegangene Text dieses Kapitels hat sich mit der Zukunft des Reinkarnationsmotives beschäftigt; in den davorliegenden Kapiteln wurde im wesentlichen über die Vergangenheit gesprochen. Meine Erläuterungen zu den «Inkarnationsberichten» auf S. 38–47 finden ihre Rechtfertigung darin, daß sie sich auf den schon vorher bestehenden Wesenskern der Identität beziehen, der sich eine neue Inkarnation sucht. Und auf S. 46 habe ich behauptet, daß die Reinkarnation in Zukunft empirisch nachweisbar sein wird.

Ich will hier noch näher darauf eingehen, *wie* ich mir diesen empirischen Nachweis vorstelle. Ich habe mit dieser Behauptung sagen wollen, daß wir mit Hilfe einer Analyse dessen, wer und was wir sind, – von unserer totalen Identität – die drei Komponenten unterscheiden lernen, die unsere Identität zusammensetzen. Es ergibt sich dann, daß es in erster Linie von dem biologischen «Material» unserer jetzigen Inkarnation abhängt, ob wir Frau oder Mann sind, schwarz oder weiß, mit Beschwerden behaftet oder gesund usw. Von unserer Erziehung, von allen sozialen, psychischen und gesellschaftlichen Faktoren, die aus der Umgebung heraus auf uns eingewirkt haben, hängen z. B. die folgenden Tatbestände ab: Ob wir holländisch, deutsch oder chinesisch sprechen, ob wir Vertrauen in die westlichen Gedankenrichtungen haben oder uns mehr an Ausdruck und Formen der eher intuitiv-traditionellen Weisheit des Ostens orientieren; ob wir mit den in unserer Kultur allgemein gültigen moralischen Normen ausgestattet oder in diesem Punkt zu kurz gekommen sind ... Und dann ist da noch – nach der hier von mir vertretenen Version – als dritte «Komponente» der präexistente Wesenskern unserer Identität. Eigentlich ist er das Wichtigste und Entscheidenste. Meiner Überzeugung nach «gebraucht» er die beiden anderen Komponenten mehr oder weniger erfolgreich für die Realisierung der Ziele, welche er dem Lebensentwurf für die jetzige Inkarnation einverwoben hat. Jedenfalls strebt er das an.

Eine Analyse des Lebenslaufes, wie sie skizziert wurde, müßte meiner Meinung nach ermöglichen, daß diese wesentlichste Komponente aus der Gesamtheit der Identität, die wir im jetzigen Leben darstellen, «isoliert» wird. Es geht nicht darum, zu erfahren, «wer» wir in einer der vorhergehenden Inkarnationen gewesen sind; eine derartige Frage wäre nur Ausdruck einer unangebrachten Sensationslust. Es geht vielmehr darum, in der Biographie den Ausdruck der Zielsetzungen des Wesenskerns zu erkennen, als die Realisierung des Lebensentwurfs, der unserer wesentlichen Identität zugrunde liegt.

Die Bakteriologie als Analogie

Das «Isolieren» stelle ich mir eigentlich als einen ganz konkreten Vorgang vor; genauso konkret wie die Arbeit eines Bakteriologen, der eine Analyse eines Bakteriengemischs vornimmt. Da werden z. B. von einem infektiös erkrankten Menschen Blut- oder Gewebeproben entnommen und darin verschiedene Bakterien angetroffen. Darunter befinden sich solche, die völlig harmlos sind. Die Kunst der Bakteriologie besteht nun darin, genau diejenige Gruppe von Bakterien zu isolieren, die Erreger der vorliegenden Infektion ist. Dank vieler verfeinerter Methoden und Techniken ist das möglich. Vor hundert Jahren war das noch nicht der Fall. Um diese Möglichkeit zu erreichen, mußte die Wissenschaft von der Bakteriologie bestimmte Entwicklungen durchmachen. Daraufhin erst konnten Behandlung und Prävention der Infektionskrankheiten in wirkungsvoller Weise vorgenommen werden.

Genauso, wie ich es eben für die Bakteriologie beschrieben habe, stelle ich mir die Entwicklung einer exakten Wissenschaft der Reinkarnation vor. In dieser Wissenschaft werden die Begriffe «Biographie», «Lebenslauf», «Lebensentwurf», «(zentrale und periphere) Identität» und «Wesenskern» einen zentralen Platz einnehmen. Die erste «Etappe» einer neuen Reinkarnationslehre wird darin bestehen müssen, diesen Begriffen eine allgemein verständliche Bedeutung zu verleihen, und zwar in der von mir auf S. 14 dargestellten Weise. Die geeignete Methode ist in diesem Falle die Introspektion: der durch Schulung und Training geschärfte «Blick nach innen», der darauf ausgerichtet ist, den Wesenskern in dem «Gemisch» von drei «Komponenten» zu identifizieren.

«Keimfrei»

Meine Darstellung mag vielleicht recht simpel und zu naiv erscheinen. Im Hinblick auf einen derartigen Vorwurf weise ich nochmals und mit besonderer Betonung auf die erwähnte «Schulung» und das «Training» hin und greife noch einmal auf das Beispiel der Bakteriologie zurück. Diese konnte sich erst entwickeln, nachdem den Forschern bewußt geworden war, daß sie steril arbeiten müßten. Wenn das nicht geschieht, werden Gefäße und Geräte, mit deren Hilfe die Bakterien untersucht werden, unaufhörlich von allerlei ungefährlichen Bakterien verunreinigt, die überall verbreitet sind. Zu Beginn der Bakteriologie wurde das wahrscheinlich mehr oder weniger intuitiv erfaßt; jedenfalls arbeiteten die Forscher unter diesen Bedingungen, und nur so konnten sie die vorliegenden Resultate erzielen. Wenn wir das Reinkarnationsmotiv auf ernsthafte Weise untersuchen wollen, müssen wir lernen, in genau der gleichen Art und Weise vorzugehen. Unser eigenes Bewußtsein, daß das «Material» darstellt, in dem wir die Erscheinung untersuchen, wird ständig von allerlei unwesentlichen und störenden Vorstellungen «gereinigt» werden müssen. Die Vorstellungen selber sind meist gar nicht schädlich und oft sogar von Nutzen für die kleinen Aufgaben, die auch zum irdischen Leben gehören: sie stören aber – wenn wir sie nicht unter Kontrolle halten – die nach innen gerichtete Arbeit an der Identifizierung unseres Wesenskernes. Diese «Bewußtseinskontrolle» stellt ein zentrales Thema der auf S. 87f. genannten «Lebensschule» dar; was ich dort über sie geäußert habe, ist auch hier gültig.

Unzeitgemäße Fixierung

Obwohl diese Kontrolle eine Voraussetzung darstellt, um in zuverlässiger Weise an der Identifizierung unseres Wesenskernes arbeiten zu können, muß ich ausdrücklich darauf hinweisen, daß sie alleine diese Identifizierung nicht ausreichend ermöglicht. Aller Kontrolle zum Trotz ist die Verführung groß, sich an allerlei schöngeistigen Betrachtungen und inneren Erlebnissen zu ergötzen und zu weiden. Unfähig zwischen Illusion und Wahrheit zu unterscheiden und in der Meinung, tatsächlich an sich selber zu arbeiten, vergessen wir, die innerlichen Erfahrungen auf ihren «echten» Wirklichkeitsgehalt hin zu prüfen. Die Verführung kann noch dadurch verstärkt werden, daß wir nicht behutsam genug mit all dem umgehen, was wir während des innerlichen Tätigseins erleben und unvorsichtig darüber sprechen. Dadurch entsteht die Gefahr, daß die unterschiedlichsten Phantasien und Illusionen verbal schon fixiert werden, bevor wir sie in ausreichendem Maße «geprüft» und «erprobt» haben. Diese verbale Fixierung verleiht dann Irrtümern allzu leicht den Schein der Wirklichkeit (im ersten «Inkarnationsbericht» wird auch ausdrücklich vor dieser Gefahr gewarnt). Aus dem gleichen Grund ist es unklug, inhaltlich etwas darüber zu schreiben; deshalb werde ich auch nicht näher darauf eingehen.

Anhand der angeführten Analogie wird deutlich geworden sein, daß die «Strategie», die ich im Auge habe, auf die Entwicklung einer neuen Wissenschaft hinausläuft.

Natürlich wird diese neue Wissenschaft in ihren grundlegenden Eigenschaften dem ähneln, was wir heute «Wissenschaft» nennen – sonst wäre die Anwendung dieses Terminus ja irreführend. Sie wird ein methodisches Fundament brauchen, und zwar in der Form, daß sich Ideen und Erfahrungen lückenlos decken. Sie wird mit klar umrissenen Fragestellungen arbeiten, die auf der folgenden allgemeinen Grundlage basieren: Wie kann der menschliche Lebenslauf als ein Ausdruck des Lebensentwurfes dargestellt werden, den sich der Wesenskern der Identität für diese Reinkarnation gestaltet hat? Sie wird die intersubjektive Nachprüfbarkeit kennen, die ja auch heute ein Merkmal dafür ist, was Wissenschaft genannt wird. In anderer Hinsicht wird sie von allen uns heute bekannten Wissenschaften abweichen. Der auffallendste Unterschied liegt in ihrem Gegenstandsbereich. Alle uns bekannten Wissenschaften haben gemeinsam, daß sie ausschließlich irdische Tatbestände und irdische Entwicklungen zum Gegenstand ihrer Untersuchung haben. (Über die Astronomie, die eine Ausnahme darstellt, folgt später eine Anmerkung. Ich muß außerdem darauf hinweisen, daß ich hier nur von den Erfahrungswissenschaften spreche. Erfahrungsunabhängige Wissenschaften, wie z. B. Mathematik und Logik, lasse ich hier außer Betracht.) Abgesehen von diesen beiden Einschränkungen ist es ja unbestrittenermaßen so, daß unsere Wissenschaften keine außerirdischen Dimensionen kennen, ob sie nun leblose Dinge, Pflanzen, Tiere, individuelle Menschen oder soziale Systeme, jeweils für sich oder in wechselseitiger Beziehung zueinander, untersuchen. In diesem Punkt wird sich die neue Wissenschaft von der Reinkarnation und der Biographie von ihnen unterscheiden. Wir dürfen ohne weiteres behaupten, daß die heutige Wissenschaft in bezug auf den Menschen nur eine Dimension kennt und in dieser die Ursachen und die Einflüsse sucht, die den Lebenslauf bestimmen. Diese Dimension beginnt bei der Konzeption bzw. bei der Geburt und endet mit dem Tode. Für die neue Wissenschaft muß diese Begrenzung durchbrochen werden. Dabei kann uns gerade die Idee der Reinkarnation vor allzu gewagten Exkursionen in ein Niemandsland hinein bewahren, von dem wir nicht einmal sicher wissen, ob es überhaupt existiert. Denn die Reinkarnationsidee hat ja zum Inhalt, daß wir wiederholt auf der Erde leben. Wenn es uns nun gelänge, eine Beziehung zwischen den verschiedenen Erdenleben in unseren Erfahrungsbereich zu bekommen, dann wäre im Prinzip die Begrenztheit der heutigen Wissenschaften in bezug auf das irdische Leben des Menschen durchbrochen. Diese Beziehung zur Erfahrung zu machen ist das Ziel der neuen Wissenschaft; ihr Ausgangspunkt liegt in der Idee, daß es ein realistisches Ziel ist.

Innerliche Raumfahrt

Es scheint mir unfruchtbar zu sein, schon jetzt noch andere allgemeine Merkmale dieser neuen Wissenschaft formulieren zu wollen. Ich will lieber noch ein paar konkrete Anknüpfungspunkte geben. Obwohl derjenige, den ich zuerst nennen will, vielleicht gar nicht greifbar zu sein scheint, hat er für mich doch konkrete Bedeutung. Es handelt sich um die moderne Raumfahrt, die praktisch-technologische Auswirkung und Anwendung z. B. der Astronomie. Wenige Neuerungen der letzten Jahre haben einen derart tiefen Eindruck auf mich gemacht, wie die unerhörte technische Perfektion, die es möglich gemacht hat, daß Menschen auf den Mond geschickt werden und wohlbehalten wieder zurückkommen; daß Bodenuntersuchungen auf dem Mars vorgenommen werden; wer weiß, was in dieser Hinsicht die kommenden Jahre noch alles mit sich bringen.

Diese technische Perfektion löst in mir die rhetorische Frage aus: Wenn wir die außerirdischen Dimensionen räumlich so effektiv erforschen können, warum sollten wir das nicht auch – bildlich gesprochen – nicht-räumlich tun können? Diese Frage scheint vielleicht etwas weit hergeholt zu sein. Mir geht es aber tatsächlich so, daß ich die Hochachtung vor diesen Leistungen nicht ohne das Empfinden erleben kann, daß sie eine Herausforderung darstellen;

nämlich die Herausforderung, eine innerliche Ergänzung zu dieser äußerlichen Leistung, welche die Raumfahrt mit der Erforschung des Raumes erbracht hat, zu suchen. Häufig wird die Meinung laut, die Raumfahrt sei reine Geldverschwendung. Das Geld solle lieber dazu verwendet werden, um die Not auf der Erde zu lindern. Mich überzeugen Argumente dieser Art nicht. Denn meiner Meinung nach ist die moderne Raumfahrt Ausdruck eines totalen Durchbruchs, einer vollkommenen Veränderung im menschlichen Dasein, welche mindestens ebenso weitreichend ist wie die Entdekkung der Kugelgestalt der Erde durch die Renaissance. So wie die Leistungen von Columbus, Magellan, Cook und anderen Entdekkungsreisenden nur Ausdruck eines neuen Zeitgeistes waren, genauso müssen auch die Raumfahrten von Gagarin, Shepard, Glenn usw. als Ausdruck eines neuen Bewußtseins gesehen werden. Und ein wesentlicher Bestandteil dieses neuen Bewußtseins – meines Erachtens sogar der entscheidende – ist das Bewußtsein von der Reinkarnation.

So gesehen ist die Frage: «Warum sollten wir eigentlich die außerirdischen Dimensionen nicht auch – bildlich gesprochen – nichträumlich erforschen?» – gar nicht mehr so freischwebend und unverbindlich. Sie stellt dann viel eher eine positive Aufforderung, sozusagen eine bindende Empfehlung dar, diese innere Erforschung tatsächlich vorzunehmen. Hier liegt – im Hinblick auf mein Thema – für mich die große Bedeutung der Raumfahrt: Sie stellt die Aufforderung dar, den innerlichen, nicht-irdischen «Raum» zu suchen, welcher sich zwischen zwei Erdenleben befindet. Das geschieht, wenn wir unsere irdischen Biographien mit genau derselben Exaktheit untersuchen, wie sie die physisch-räumliche Raumfahrt praktiziert, um den Unterschied erkennen zu lernen zwischen dem, was aus dem jetzigen Lebenslauf stammt und dem, was aus nicht-irdischen Dimensionen kommt.

So, ungefähr, sehe ich den Zusammenhang zwischen der Raumfahrt und der Reinkarnation. Jemandem, der diesen Zusammenhang nicht sieht oder ihn als zu weit hergeholt oder gekünstelt empfindet, kann ich nur antworten, daß wir in diesem Punkt eben unterschiedliche Erfahrungen haben. Irgendwelche noch tiefer gehenden Argumente stehen mir für die Darstellung dieses Zusammenhanges nicht zur Verfügung. Allerdings gibt es noch andere Gesichtspunkte, die ich vertreten kann.

Weiterarbeiten nach dem Tode

Solch ein anderer Gesichtspunkt liegt dem Ende unseres irdischen Lebens etwas näher. Nichts wissen wir auf dieser Erde mit so großer Sicherheit wie die Tatsache, daß wir irgendwann einmal nicht mehr auf dieser Erde sein werden. Was allerdings dann geschehen wird, das ist mit nahezu der gleichen Sicherheit für keinen Menschen eine wirkliche Erfahrung. Das sollte uns aber durchaus nicht daran hindern, Erwartungen zu hegen und auch auszusprechen; im Gegenteil.

«Er hofft, in der geistigen Welt weiterwirken zu dürfen.» So das Fazit, das vor einigen Jahren unter dem Nachruf für Stefan Lubienski stand, einen Mann, der jahrzehntelang mit einer ganz außergewöhnlich wahrhaftigen Geisteskraft die Wirklichkeit desjenigen Menschenbildes vertreten hat, das mir in diesem Text vorschwebt. Ich bin eigentlich der Meinung, daß solche Erwartungen nicht nur möglich, sondern nützlich und sogar notwendig sind. Noch deutlicher gesagt: es will mir nicht einleuchten, daß nicht in jedem Menschen «irgendwo» in seinem Inneren die eine oder andere Idee von dem lebt, was mit ihm geschehen wird, wenn die Zeit gekommen ist, diese Erde zu verlassen; und wenn die Idee noch so unbewußt ist. Deswegen vertrete ich die Ansicht, daß es besser ist, über diese Dinge nachzudenken und zu sprechen, als sie im Unbewußten und Verborgenen zu belassen. Und ist es nicht ebenfalls besser, für den Fall, daß das Weiterbestehen nach dem Tode – mit und ohne Reinkarnation – eine Tatsache ist, schon jetzt den Versuch zu unternehmen, reale und realistische Vorstellungen darüber zu bilden? Und – angenommen wir täten das – welche Vorstellung wäre realistischer als diejenige, daß wir nach dem Tode, wenn auch unter anderen Umständen, weiterarbeiten können? Das ist allerdings eine rhetorische Frage. Welche Vorstellung über das Jenseits wäre denn realistischer als die Idee, daß wir einige Zeit später wieder zurückkommen werden?

Übungsgebiete für unsere periphere Identität

Aber auch die Perspektive eines Weiterlebens nach dem Tode liegt noch außerhalb unseres Erfahrungsbereiches. Aus diesem Grunde möchte ich hier noch ein paar Anknüpfungspunkte geben, die ohne Einschränkung für nahezu jeden Menschen hier und heute den Blick auf konkrete Tatsachen freigeben. Im engeren Sinne haben sie nichts mit dem Jenseits und der Reinkarnation zu tun; um so mehr aber mit praktischen Übungen zum Erleben unserer eigenen «peripheren Identität» und der anderer Menschen. Sie gehören in den Bereich der zwischenmenschlichen Beziehungen.

Schauen wir z. B. auf die Beziehung zwischen dem Individuum und dessen Umgebung bzw. der «Gruppe» oder «Organisation», innerhalb deren es lebt und arbeitet: Arbeitsverhältnis, Familie, Verein usw. Die Wechselwirkungen zwischen dem Individuum und der Umwelt sind ein populäres Thema geworden. Abgesehen davon stellen sie ein ausgezeichnetes Übungsfeld dar – und vielleicht liegt gerade darin ihre Beliebtheit – um praktisch zu erfahren, wie wir «ankommen», wie wir auf andere wirken, was wir darstellen und wie wir uns entwickeln. In unserer Kultur werden so gut wie niemandem Erfahrungen dieser Art erspart bleiben. Wir können immer weniger alles alleine tun; immer mehr haben wir andere Menschen nötig, um etwas zu erreichen. Und naturgemäß geht die totale Identität der anderen ebenso und in gleichem Maße in die Wechselbeziehung ein, wie die unsere.

Das bedeutet fast immer, daß wir zwischen zwei unangenehmen Situationen wählen müssen. Entweder müssen wir einen Teil unserer Überzeugungen, Sicherheiten, Normen und Werte zugunsten des übergeordneten Ganzen, das von der Gruppe vertreten wird, preisgeben, oder wir verstricken uns in Konflikte. Dazwischen eine Wahl zu treffen, ist sehr mühevoll. Aus diesem Grunde wird sie oft gar nicht oder nicht bewußt genug getroffen. Das wiederum bringt es mit sich, daß wir uns nicht nur mit einer, sondern mit beiden Unannehmlichkeiten zugleich herumschlagen müssen. Wir brauchen uns darüber auch gar nicht zu wundern, denn wir sind in einer Kultur aufgewachsen, in der die Würde des Individuums und das Recht, sein eigenes Wesen zu entwickeln, im Zentrum stehen. Ganz deutlich stellt der Konflikt mit der «Gruppe» einen praktisch unvermeidbaren Bestandteil unseres Lebens dar.

Das ist aber nur die eine, und zwar die eher der Vergangenheit angehörende, historische Seite der zwischenmenschlichen Beziehungen. In den vielen Gruppen und sozialen Zusammenhängen, in denen ich lebe, kommt mir oft noch etwas anderes, etwas ganz Neues entgegen. Ich kann es nur so umschreiben: eine ganz besondere Art der bewußt angestrebten Hinwendung, die den prinzipiellen Konflikt zwischen dem «Ich» und der «Gruppe» in eine neue Beziehung umwandeln möchte. Diese neue Beziehung erlebe ich dann als eine Form der Wechselwirkung und Zusammengehörigkeit, in der die beiden negativen Seiten der genannten Unannehmlichkeiten gemeinsam etwas Positives hervorbringen. Im Tausch für den hingegebenen Teil meiner persönlichen Überzeugungen usw. kommt aus der Gruppe, in der ich meine periphere Identität als Teil meiner selbst erleben kann, etwas auf mich zurück, was ich als «Teil» dieser meiner in der Gruppe wirksamen peripheren Identität erfahre. Ich bin mir bewußt, daß es Menschen, die diese Erfahrung nicht kennen, vielleicht schwerfällt, mich zu verstehen. Da es sich um einen Prozeß handelt, der in unserer Zeit überhaupt erst in Erscheinung zu treten beginnt, ist daran vorerst auch nicht viel zu ändern. Das wiederum geht mit der Tatsache einher, daß mir die Worte, die zur Beschreibung dessen, was ich hier sagen möchte, nötig wären, kaum oder gar nicht zur Verfügung stehen. Und das wiederum könnte es sogar mit sich bringen, daß dieser Absatz als pseudo-mystische Verherrlichung des Aufgehens in einem anonymen und düsteren Kollektiv aufgefaßt wird. Ein derartiges Mißtrauen ist verständlich und besteht zu Recht. Berichte über Gehirnwäsche in Gefangenenlagern, Massenbekehrungen in Gurugruppen und ähnliche Erscheinungen, die uns seit einigen Jahren bekannt sind, zeigen, wie angebracht dieser Verdacht ist. So etwas ist vorgekommen und kommt auch heute vor; und wer könnte schwören, ganz und gar von der Neigung frei zu sein, die schwere Last der Eigenverantwortung für das individuelle Sein hin und wieder vertauschen zu wollen mit der mühelosen Folgsamkeit und Geborgenheit in einem warmen und beschützenden Kollektiv?

Ich will aber bei meinen Erfahrungen bleiben. Die von mir angedeuteten negativen Erscheinungen stellen – meiner Meinung nach – auch nur das negative Gegenbild einer neuen Entwicklung dar, die, wenn wir geschickt und intelligent genug mit ihr umgehen, äußerst wesentliche und positive Perspektiven bietet. Mit Reinkarnation hat die Erfahrung meiner peripheren Identität innerhalb einer Gruppe scheinbar nichts zu tun. Ich könnte es auch nicht beweisen oder darüber diskutieren, daß dieser Zusammenhang trotzdem vorhanden ist. Aber für mein Gefühl stellt er eine Realität dar.

Mann und Frau

Noch näherliegend für eine Erkenntnis unserer «peripheren Identität» ist ein ganz spezielles «Übungsfeld»: die Ehe bzw. die Verbindung mit dem Lebenspartner. Es ist noch intensiver als dasjenige der «Gruppenarbeit».

Dazu drei Bemerkungen. (Sie stellen unvermeidlich «männliche» Gesichtspunkte dar, da ich in dieser Inkarnation nun einmal als Mann auf Erden lebe.) Zum ersten kenne ich keine Situation, in der wir auch nur annähernd so gut – und oft auch so unbarmherzig, aber das gehört zu dem «Guten» – unsere eigene Identität kennenlernen können, wie das durch den langdauernden und intensiven Umgang möglich ist, den wir im Idealfall in unserer Kultur mit nur einem anderen Menschen haben. Dieser eine andere Mensch lernt uns kennen, wie es kein dritter jemals tun wird, – und umgekehrt. Wir halten uns gegenseitig einen Spiegel vor, der ebenso drastisch die Wahrheit sagt, wie derjenige von Schneewittchens Stiefmutter. Für mich steht fest, daß die weitaus bedeutendsten Ursachen aller Ehe- und Partnerschaftsprobleme darin zu suchen sind, daß wir uns – jedenfalls in den ersten Jahren der Beziehung und größtenteils auch unbewußt – gegen das eigene Spiegelbild wehren, das uns als Reflexion eines ganz besonderen Teiles unserer peripheren Identität aus der Lebenspartnerin bzw. dem Lebenspartner entgegengrinst, und daß wir, aus Ohnmacht und aus dem Unwillen heraus, das heiße Eisen anzufassen, nicht wirklich und effektiv an den Schwierigkeiten arbeiten. Um Mißverständnisse zu vermeiden: was hier in negativer Art dargestellt ist, hat natürlich auch sein positives Gegenbild. Wie das aussieht, das ist so bekannt und beinahe abgedroschen in unserer Kultur, daß ich weiter nichts darüber sagen will.

Zweitens bin ich davon überzeugt, daß auch der moderne Feminismus Tendenzen in sich birgt, die im Zusammenhang mit der Auseinandersetzung, die ich in dieser Schrift führe, gesehen werden können. Vielleicht kann der Feminismus überhaupt erst aus dem Problemfeld heraus, mit dem dieser Text sich befaßt, richtig gedeutet werden.

Wesentlich am Feminismus ist ja eine Relativierung des Unterschieds zwischen Mann und Frau, und ein Argument für die Reinkarnation, das mich persönlich am meisten anspricht, stellt die durch diese Idee hervorgerufene Relativierung des Unterschieds zwischen Leben und Tod dar. Darauf wurde schon auf S. 8 hingewiesen. In der Natur sind überall und fortwährend fließende Übergänge zu erkennen, Abwechslungen, Rhythmen: Tag und Nacht, Licht und Finsternis, Sommer und Winter, Schlafen und Wachen usw. Sollten in unserer Existenz Tod und Leben zwei absolute und nur einmal auftretende «Episoden» darstellen? Mir kommt das sehr unwahrscheinlich, um nicht zu sagen unsinnig vor. Genau das gleiche erlebe ich in bezug auf den Unterschied zwischen Frau und Mann: Eigentlich ist es doch eine armselige und inakzeptable Vorstellung, daß sich meine totale Identität einzig und allein in Äußerungen manifestieren kann und darf, die wir männlich nennen. (Auf die im übrigen spannende Frage, inwieweit die Unterschiede zwischen «Weiblichem» und «Männlichem» biologisch festgelegt oder durch die Kultur bedingt sind, möchte ich hier nicht eingehen; das würde uns viel zu weit führen.) Aus dieser Haltung heraus ist es nur eine Sache von Logik und Gerechtigkeit, daß in unserer Kultur der Raum entsteht, in dem Männer auch weibliche (mit und ohne Anführungsstriche) Eigenschaften entwickeln können und umgekehrt. Die Würdigung der Tatsache, daß dieser Raum in unserer Kultur zu entstehen beginnt, kann natürlich völlig unabhängig von jeglichem Zusammenhang mit der Reinkarnation gesehen werden; mir aber gibt es zu denken, daß es in beiden Fällen um eine Relativierung von scheinbar absoluten menschlichen Attributen geht. In Anm. 46 habe ich darauf hingewiesen, daß die Bezeichnung «er» für den Wesenskern nur aus sprachgeschichtlichen Gründen angewendet wird. Ich kann mir nicht vorstellen, daß der Wesenskern in zwei «Ausführungen», einer weiblichen und einer männlichen vorkommt. In unserem Wesen sind wir Mensch und das heißt: Mann *und* Frau. Und was liegt dem wiederum näher als die Idee, daß wir in verschiedenen Inkarnationen abwechselnd als Mann und Frau in Erscheinung treten? Und – noch weiter gedacht – ist es tatsächlich weit hergeholt, wenn wir in der modernen Tendenz, den Frauen Raum für ihre «männlichen» Eigenschaften zu geben und umgekehrt, den Ausdruck dieses Bewußtseins sehen? Nun, wenn wir dem Wesen nach zu gleicher Zeit Mann und Frau sind, dann wird auch die Tatsache, daß wir jetzt biologisch das eine oder andere darstellen, relativ nebensächlich; etwas, dem wir natürlich Rechnung tragen müssen, um nicht allzu große Schwierigkeiten zu bekommen, was aber – wenn wir annehmen, daß wir in einem folgenden Leben die Rolle des anderen Geschlechtes spielen müssen – dennoch eine Tatsache ist, die wir am besten schon jetzt in ihrer wahren Bedeutung sehen lernen sollten.

Ich weiß nicht, ob das alles wirklich so ist; mir scheint es nicht unwahrscheinlich zu sein, ich werde aber keine weiteren Argumente dazu anführen, denn in diesem Teil des Buches geht es ja nur um einige ganz persönliche Betrachtungen und Meinungen.

Die dritte Bemerkung zu der Frau-Mann-Beziehung als «Übungsfeld» für die periphere Identität geht von der Tatsache aus, daß eine erneute Inkarnation eines Wesenskernes bis heute nur innerhalb dieser Beziehung beginnen kann. Wer käme da eher in Betracht, den Wesenskern des sich erneut inkarnierenden Individuums als erstes kennenzulernen, als die Frau und der Mann, die in diesem Moment seine Eltern werden? Dieser Gesichtspunkt muß genauer erklärt werden.

Noch einmal die «Inkarnationsberichte»

Mit der Tatsache, daß eine Frau-Mann-Beziehung eine absolut notwendige Voraussetzung für die neue Inkarnation eines Wesenskernes darstellt, kommen wir wieder bei dem Motiv an, das Ausgangs- und Mittelpunkt der ganzen Schrift darstellt: bei den anfangs geschilderten Erfahrungen über das Inkarnationsgeschehen.

Es könnte durch die Art und Weise, wie das Motiv in den vorhergehenden Kapiteln ausgearbeitet worden ist, der Eindruck entstanden sein, daß in der gesamten Ausarbeitung ein heimlicher Widerspruch, eine Inkonsequenz steckt. Einerseits ist das Buch ja durch diese Berichte angeregt, von denen ich selber behauptet habe, daß sie etwas außergewöhnlich erscheinen und nicht als Beweise dienen können. Andererseits zieht sich wie ein roter Faden meine Überzeugung durch die ganze Schrift hindurch, daß die Reinkarnation alles andere als ein außergewöhnliches Thema werden muß, nämlich eine ganz allgemeine, gewöhnliche Erfahrung, die sogar wissenschaftlich nachweisbar werden soll. Das Vorhaben, auf der Basis von ausgefallenen und außerdem nicht zu beweisenden Erfahrungen etwas aufbauen zu wollen, das ganz selbstverständlich für jeden Menschen zugänglich und auch noch wissenschaftlich zu verantworten sein soll, scheint abwegig.

Dieser Eindruck der Untauglichkeit meines Vorgehens kann mit Hilfe zweier Begriffe, die ich in Anm. 58 genannt habe, zum Verschwinden gebracht werden: «Metamorphose» und «Steigerung». Angesichts dieser Begriffe verstehe ich die Situation so: Die Menschen, die mir die hier wiedergegebenen Berichte gegeben haben, haben eine direkte und spontane Erfahrung im Hinblick auf den Wesenskern des Kindes gemacht, das zu ihnen kommen wollte. (Die Frage, wie es überhaupt dazu gekommen ist, daß sie diese Erfahrungen machen konnten, und mit Hilfe welcher «Mechanismen» sich der Wesenskern des Kindes dargestellt hat, lasse ich außer acht. Obwohl sie von größtem Interesse ist, kann ich dazu nichts sagen, was Hand und Fuß hätte.) Diese besonderen Erfahrungen sind eine «Steigerung» der an und für sich ganz gewöhnlichen Erfahrungen, die im Prinzip alle Eltern von dem Kind haben können, das sie erwarten. Aber gerade das «Normale», das dieser Erfahrung von dem Wesenskern eines neuen Kindes anhaftet, macht, daß sie wenig eindrucksvoll ist. Von daher wird ihr auch wenig besondere Aufmerksamkeit geschenkt, geht dieses Erleben des spezifischen Wesenskernes des Kindes in den allgemeinen Erfahrungen unter, die jeder Mensch mehr oder weniger zu Beginn einer Schwangerschaft macht. Das Außergewöhnliche, das den Berichten scheinbar anhaftet, wird aus diesem Blickwinkel heraus relativiert, erscheint als Verstärkung einer ganz gewöhnlichen und – im Hinblick auf ein neues Kind – für jeden zugänglichen Erfahrung.

Derartig direkte und intensive, beinahe konfrontationsartige Begegnungen mit einem neuen Menschenkind, wie sie in den sechs Berichten beschrieben wurden, werden vorläufig allerdings noch Ausnahmen darstellen und von daher noch etwas außergewöhnlich anmuten. Das ist aber anders mit denjenigen Erfahrungen über die Identität eines Kindes, die zu einem Zeitpunkt stattfinden, an dem es schon eine Weile «unterwegs» ist, die weniger kräftig sind und *deswegen* weniger Eindruck machen (und deshalb auch weniger bewußt gedeutet werden können). Für das Menschenbild, das diesem Buch zugrunde liegt, beginnt die Biographie mit der Inkarnation; zur gleichen Zeit. Das heißt, daß sich – von diesem Moment an – die Identität des neuen Menschenwesens offenbart, folglich auch für andere erfahrbar sein muß. Die andern sind in erster Linie die Eltern, besonders aber die Mutter. Daß diese Erfahrung in den meisten Fällen nicht oder kaum gemacht wird, ist nur die Folge der Art und Weise, mit der wir in unserer Kultur mit unserem Wahrnehmungs- und Erkenntnisvermögen umgehen.

Für mich liegt die Bedeutung der sechs «Inkarnationsberichte» darin, daß sie, ebenso wie Goethe es mit seinem Begriff der «Steigerung» meinte, «ein Spiel der Natur» darstellen, das uns auf weniger auffallende Äußerungsformen der gleichen Erscheinung hinweisen kann, – wobei diese weniger auffallenden Erscheinungsformen durchaus nicht ausgefallen, sondern hundertprozentig normal sind. (Es liegt nahe, einen Zusammenhang zu sehen zwischen der «Chance», eine solche bewußte Erfahrung zu Beginn zu machen und der modernen Tendenz, das Auftreten einer Schwangerschaft bewußt zu beeinflussen. Auch diesen Aspekt meines Berichtes lasse ich vorläufig außer acht; er ist zu schwierig, als daß wir ihn hier in angemessener Weise besprechen könnten.)

Die Tatsache, daß sich die Identität eines neuen Kindes einige Male ganz konkret und direkt kundgetan hat, bekommt aus dieser Sicht den Charakter eines Fingerzeiges: eines «Winkes», in all den Situationen, in denen sich das Kommen eines Kindes ankündigt, ohne das einer oder beide Elternteile eine entsprechende Wahrnehmung von dessen Identität gemacht haben, bewußt auf die Suche nach Signalen von dieser Identität zu gehen. Was ich jetzt einfach so ausspreche, scheint vielleicht auf den ersten Blick eine bloße Behauptung zu sein, eine abstrakte Empfehlung, etwas zu suchen, was vielleicht genauso schwierig zu finden ist wie eine Nadel im Heuhaufen. Ich will versuchen, mit Hilfe einiger zusätzlicher Überlegungen diesen «Wink» akzeptabler zu machen, als er auf den ersten Blick zu sein scheint.

Nicht außergewöhnlich

Wie schon auf S. 24 erwähnt, haben – seit ich dieses Thema hin und wieder in Gesprächen anschneide – viel mehr Frauen als die hier zitierten mir gegenüber Äußerungen gemacht, die mich davon überzeugt haben, daß ein mehr oder weniger unbestimmter Eindruck von der eigenen Identität eines Kindes durchaus nichts Seltenes oder Außergewöhnliches ist. Unter der Oberfläche dessen, was von unserer herrschenden Kultur erkannt und anerkannt wird, lebt sozusagen unbemerkt etwas von dem Motiv, das ich hier beschreibe. Für viele Frauen stellt das – von den ersten Stunden oder Tagen der Schwangerschaft an, also vor den allgemein bekannten Anzeichen auftretende – vage «Wissen» von der Wesenheit eines mit eigener Identität versehenen neuen Menschenwesens durchaus nichts Außergewöhnliches dar. Im Gegenteil: für sie ist das eine gewöhnliche und bekannte Erscheinung. Das eine Kind «trägt» sich auch anders, als das andere, bei dem einen Kind verläuft die Schwangerschaft anders als bei dem anderen (vgl. dazu die Bemerkungen aus dem Bericht mit dem «Ingeborg-Phänomen», S. 37). Diese Realität bietet zumindest Anknüpfungspunkte, um weiterhin nach Art und Inhalt der allgemein als anwesend erfahrenen Identität auf die Suche zu gehen. «Anknüpfungspunkt» ist leicht gesagt – aber wie muß dieses «bewußte Suchen» tatsächlich vorgestellt werden? Wie können wir uns bewußt mit Art und Inhalt der Identität eines neuen Kindes beschäftigen? Diese Frage wird Anlaß zu meiner zweiten Überlegung sein.

Das erste Lebensjahr

Es ist mir bewußt, daß dieses Suchen, dieser Prozeß, den Wesenskern eines Kindes zu identifizieren, eine ausgesprochen mühevolle Angelegenheit ist. Wie und wo müssen wir suchen – wir wissen doch nicht einmal ganz genau, was wir suchen?! Auch darüber zu sprechen ist sehr schwierig, denn zu diesem Zeitpunkt ist die Mutter die einzige, die eine unmittelbare Erfahrung von dem Kind haben kann. Der Vater und eventuell andere betroffene Menschen können sich an der Suche nur mit Hilfe derjenigen Informationen beteiligen, die sie von der Mutter erhalten oder anhand dessen, was sie selber von der Mutter ablesen können. Das ist nun einmal so. Nach neun Monaten wird es aber plötzlich anders: Das Milieu, in dem das Kind bis dahin gelebt hat, öffnet sich im wahrsten Sinne des Wortes und es entsteht eine Umgebung, in der auch andere als nur die Mutter mit dem Kind umgehen können. Die absolute – und innerhalb einer Inkarnation nicht relativierbare! – einzigartige Beziehung, die bis zu diesem Zeitpunkt zwischen der Mutter und dem Kind bestanden hat, ist dann zu Ende; das spezifische Milieu, das die Mutter mit ihrem Leibe für das Kind herstellte, hört auf zu bestehen.

Das bedeutet durchaus nicht, daß das Kind jetzt für das Leben auf der Erde «bereit» oder «fertig» ist. Auch in dieser Beziehung ist der Mensch ein Wesen, das prinzipiell anders ist als alle anderen Lebewesen, einschließlich der höheren Säugetiere. Denn «eigentlich» wird er ein Jahr zu früh geboren und kann aus diesem Grunde auch nicht als ein Säugetier aufgefaßt werden. Das zeigte der Schweizer Zoologe Adolf Portmann aufgrund von Vergleichen, die er zwischen den Entwicklungsphasen des Menschen und vergleichbaren Zeitabschnitten bei höheren Säugetieren vorgenommen hat: z. B. verglich er die Schwangerschaftsdauer oder Tragezeit mit der Gesamtlebensdauer bzw. der «Lehrzeit», der Zeit also, die notwendig ist, bis das junge Wesen erwachsen bzw. ausgewachsen ist, mit der Dauer der fruchtbaren Periode, der zeitlichen Dauer des biologischen Abbaus usw. Aus der Gegenüberstellung der jeweiligen Zeitspannen dieser Phasen hat Portmann den Schluß gezogen, daß die Dauer der Schwangerschaft beim Menschen «eigentlich» ein Jahr und neun Monate dauern müßte. Weil das aber nicht der Fall ist, hat er den Terminus «physiologische Frühgeburt» geprägt. Im ersten Lebensjahr ist der Mensch noch so sehr «embryonal», daß er noch in der Gebärmutter bleiben könnte. In meinen Augen bedeutet diese Betrachtungsweise im Hinblick auf mein Thema folgendes. Als Mensch stellen wir eine Art Synthese dar, bestehend aus drei «Komponenten»: dem biologisch-erblichen Material, der Summe der Umwelteinflüsse und unserem Wesenskern. Diese drei Komponenten sind im gewöhnlichen Leben so kompliziert ineinander verwoben, daß wir nur durch äußerste Willensanstrengung und sachverständig durchgeführte Introspektion lernen können, sie zu unterscheiden. In der ersten Lebensphase wird uns allerdings diese Arbeit erleichtert: die Komponente «Lebenseinflüsse» ist beinahe noch nicht vorhanden bzw. größtenteils so überschaubar, daß sie durch die Ernährer des Kindes beherrscht werden kann. Das sind in der Regel die Eltern, die also auch die biologisch-erbliche Komponente gut kennen, jedenfalls kennen sollten.

Angenommen das erste Lebensjahr sei eigentlich noch die Fortsetzung eines vorgeburtlichen Lebens, dann bedeutet das doch, daß wir es bei dem Teil der Verhaltensäußerungen, der einer uns unbekannten Komponente des Kindes entsprungen ist, nur mit einer Offenbarung des Wesenskernes zu tun haben können. So gesehen stellt das erste Lebensjahr eine einzigartige Gelegenheit dar, um den Wesenskern der Identität eines Menschen kennenzulernen.

Natürlich ist damit die Frage noch nicht beantwortet, wie wir und besonders die Eltern eines kleinen Kindes diesen Wesenskern erkennen lernen können. Die Antwort scheint mir in einem «Mechanismus» zu liegen, auf den u. a. Goethe hingewiesen hat. Er sagt: Wenn das Auge nicht in irgendeiner Weise mit der Sonne verwandt wäre, wie könnten wir dann die Wirkungen des Sonnenlichtes wahrnehmen?

Darauf will ich noch etwas näher eingehen.

Eine neue Vaterrolle

Was Goethe sagen wollte, lautet etwas nüchterner und «technischer» folgendermaßen: Unsere Sinnesorgane sind dadurch entstanden, daß unser Organismus im Laufe einer langen Evolution vielen verschiedenen Wirkungen und Einflüssen der Umgebung ausgesetzt war. Diese Wirkungen und Einflüsse haben in unserem Organismus Werkzeuge entwickelt; mit Hilfe dieser Werkzeuge – also als Folge der Wirkungen und Einflüsse der Umgebung – konnten wir lernen, wahrzunehmen und Erfahrungen zu machen.

Wenn wir diesen «Mechanismus» kennen, können wir ihn bewußt handhaben. Nehmen wir einmal an, wir wissen aufgrund besonderer Erfahrungen anderer Menschen und aufgrund unserer eigenen Ideen, daß «etwas» vorhanden ist. Wir können nun in uns ein Sinnesorgan zur Entwicklung bringen, mit dem wir lernen können, dieses «etwas» wahrzunehmen und zu erfahren. Auf unser Thema angewendet, müßte es so lauten: Wenn wir wissen, daß sich in dem kleinen Kinde ein Wesenskern in besonderer Weise offenbart, dann können wir – indem wir aus dieser Einsicht heraus mit dem Kind umgehen – ein Sinnesorgan entwickeln, mit dessen Hilfe wir lernen können, diesen Wesenskern zu erfahren.

Die Frage ist natürlich, wie das zu tun ist. Auf dem Papier ist die Antwort wieder ganz einfach: durch vorläufige Anwendung dieses im «status nascendi» befindlichen Organes. Anders gesagt: durch den tatsächlichen Umgang mit dem Kinde und den sich daraus ergebenden Beobachtungen; basierend auf dem Wissen, daß sich in allem, was es tut und läßt, etwas von seinem Wesenskern offenbart: wie es lacht, mit seinen Händchen spielt, wie es reagiert; der Blick, mit dem es in den Himmel und nach den Wolken schaut. Alles was das Kind an Äußerungen hervorbringt, kann so betrachtet bewirken, daß sich in uns das Sinnesorgan entwickelt, mit dem wir seinen Wesenskern kennenlernen können.

Junge Mütter, mit denen ich über diese Gedanken gesprochen habe, haben sie einerseits oft für alles andere als befremdend oder sogar absurd gehalten. Sie kannten deren Inhalt intuitiv, halb oder noch weniger bewußt, jedenfalls auf einer gänzlich vorwissenschaftlichen Ebene, schon lange. Andererseits mutete sie mein bewußter, beinahe «technischer» Umgang mit diesem Thema manchmal an wie etwas, das die Ereignisse ihres Glanzes beraubt. Dieses letzte Gefühl kann ich nicht nachempfinden. Allerdings kann ich das nüchterne und analysierende Vorgehen, welches ich hier beschreibe, als typisch «männlich» erkennen. Na und? Auf S. 100f. habe ich zwar auseinandergelegt, daß es zu dieser Zeit gehört, daß der Mann sich Eigenschaften aneignet, die bisher als mütterlich, also typisch «weiblich» angesehen wurden. Das kann aber nicht bedeuten, daß im Eifer des Gefechtes die Merkmale, die ich als «männlich» und damit zu mir gehörend erlebe, künstlich unterdrückt werden. Wenn das geschieht, bedeutet Emanzipation keine Bereicherung, sondern einen Prozeß, bei dem wir «vom Regen in die Traufe» kommen. Ich bleibe also dabei, daß die bewußt analysierende Art, mit der ich mit dem Wesenskern eines kleinen Kindes umzugehen versuche, gerechtfertigt ist. Mehr noch: ich bin sogar der Meinung, daß es notwendig ist, mit solchen Dingen bewußter umzugehen, zu «wissen», was wir tun. Heißt nicht Fortschritt, daß wir lernen, bewußt etwas zu tun, was vorher nicht oder nur unbewußt getan wurde? Und meine Überzeugung, daß wir es bei der Reinkarnation und der Identifikation unseres eigenen Wesenskerns und dem anderer Menschen mit einem ganz gehörigen Fortschritt zu tun haben, habe ich – so scheint mir – mit dem Vorangegangenen zur Genüge deutlich gemacht.

Himmlische Gesetzmäßigkeiten

Mit meinem letzten Anknüpfungspunkt komme ich auf die Beziehung zwischen der neuen Inkarnationslehre und der echten, der «großen Wissenschaft» zurück. Als Prototyp dieser Wissenschaft gilt häufig die klassische Mechanik. Sie wurde im 17. Jahrhundert – im Fahrwasser der großen Entdeckungen von Kopernikus, Galilei u. a. – durch Newton formuliert.

Eine der aufregendsten Entdeckungen war die, daß die Gesetzmäßigkeiten, mit deren Hilfe die Planeten ihre Bahnen um die Erde ziehen, in Formeln beschrieben werden konnten, nach denen auch die Körper auf der Erde ihre Bewegungen ausführen. Irdische Gesetzmäßigkeiten und Regeln schienen auch im Himmel zu gelten; diese Entdeckung führte zu dem Ausdruck «celestial mechanics» («Himmelsmechanik»).

Diese Entdeckung bildet seit dem 17. Jahrhundert mit das theoretische Rückgrat der modernen Naturwissenschaft. Sie ist bis heute aber im wesentlichen nur einseitig ausgearbeitet und angewendet worden, nämlich zum Erkennen, Beschreiben und Identifizieren von Himmelserscheinungen in Formeln, die zu denjenigen Erscheinungen gehören, die wir auf der Erde untersuchen und erklären. Ich sehe nun keinen Grund, bei der Deutung von Erscheinungen nicht auch in umgekehrter Richtung vorzugehen. Aus der dadurch veränderten Sichtweise heraus kommt ein Kind als ein nicht von der Erde stammender, also himmlischer Wesenskern, der sich mit biologisch-erblichem, mit irdischem Material umhüllt hat, auf die Erde. Wenn wir den Gedankengang, der dem Ausdruck «Himmelsmechanik» zugrunde liegt, einmal in umgekehrter Richtung verfolgen, dann können wir feststellen, daß wir diejenigen Merkmale und Gesetzmäßigkeiten, die den himmlischen Wesenskern bestimmen, aus den Erscheinungen ablesen können, mit deren Hilfe er sich unserer Wahrnehmung darbietet, indem er nämlich von den Möglichkeiten Gebrauch macht, die das irdische Material ihm bietet. So gesehen liegt in dieser Sichtweise nichts Verschwommenes oder «Mystisches» mehr. Sie drückt nur ganz gewöhnlich die bis dahin vernachlässigte andere Seite der auf «harten» Fakten beruhenden, haltgebenden theoretischen Struktur der modernen Naturwissenschaft aus.

Soweit einige Gesichtspunkte, von denen ich selber meine, daß es der Mühe wert ist, sie als Ausgangspunkte zu nehmen für eine Weiterarbeit an der schwierigen Aufgabe, die Reinkarnationsidee handhabbar zu machen. Um Mißverständnisse zu vermeiden, noch eine Schlußbemerkung. Es ist durchaus nicht so, daß alles, was ich in diesem Kapitel geschrieben habe, für mich heute schon reine Wirklichkeit wäre. Das Menschenbild, das ich hier skizziert habe, erlebe ich oft so, als ob es sich um einen Ertrinkenden handelte, der über Bord des Schiffes gegangen ist, mit dem wir alle durch das Leben schippern. Ein Teil der Schiffsmannschaft, mal größer mal kleiner, steht an der Reeling, in der Hoffnung, den Ertrinkenden wieder auffischen zu können. Ab und zu sehen wir ihn in den wilden Wellen des Meeres auftauchen; dann wieder verschwindet er unter dem Wasser. Taue und Rettungsbojen werden ausgeworfen; manchmal sieht es so aus, als würde er sie ergreifen und wir könnten versuchen, ihn an Bord zurückzuziehen, dann aber reißt uns das Tau wieder oder schießt uns aus den Händen.

Ich glaube eigentlich nicht, daß es uns in der Inkarnation, in der wir jetzt leben, glücken wird, unseren Wesenskern ganz »an Bord« zu bekommen; es scheint mir aber lebenswichtig zu sein, daß wir nicht aufhören mit dem Versuch, Verbindung zu ihm herzustellen. Der Leser, der in diesem Text eine Art Tau sehen kann, mit dem eine solche Verbindung gelegt und festgehalten werden kann, hat verstanden, was ich beabsichtigte, indem ich dieses Buch schrieb.[90]

Anmerkungen

Eine Vorbemerkung

In diesen Anmerkungen gehe ich auf einzelne Aspekte ein, deren Behandlung im Haupttext zu weit geführt hätte. Ich habe auch alle Literaturhinweise hier eingearbeitet. Sie fallen unter zwei Kategorien: Die erste umfaßt einmalige Hinweise, die im wesentlichen der Dokumentation dienen. Die bibliographischen Angaben zu diesen Publikationen sind jeweils in der betreffenden Anmerkung zu finden. Die zweite Kategorie umfaßt die Bücher und Zeitschriftenartikel, auf die ich mich mehrfach beziehe, und solche, die meines Erachtens von zu großer Bedeutung sind, um nur der Dokumentation zu dienen. Hier habe ich auch die Publikationen aufgeführt, die ich ganz besonders empfehle, weil sie helfen können, in der von mir angestrebten Art mit dem Thema der Reinkarnation weiterzukommen. Die Literaturangaben der zweiten Kategorie finden sich, in alphabetischer Reihenfolge, S. 149 ff. In den Anmerkungen wird auf sie ohne vollständige bibliographische Angaben hingewiesen, meistens anhand des Namens des Autors und des Erscheinungsjahrs.
Bei der Literaturauswahl, die nur unter großen Schwierigkeiten vorgenommen werden konnte, habe ich mich im wesentlichen davon leiten lassen, inwieweit ich selber einen besonderen Gewinn gehabt habe in bezug auf das, was ich hier darstellen möchte.

1 Das Zitat ist eine Zeile aus dem *Rondel de l'adieux* von Edmond Haraucourt (1857–1941):

> «Partir, c'est mourir un peu;
> C'est mourir à ce qu'on aime:
> On laisse un peu de soi-même
> En toute heure et en tout lieu.»

Das sind die einzigen Zeilen, durch die der Name Haraucourt heute noch bekannt ist. Nach dem Rest dieses «Rondel» zu urteilen – nicht zu Unrecht. (Mitgeteilt durch P.-A. Aellig.) In einer Todesanzeige Ende 1979 stieß ich übrigens auf ein paar Zeilen von Toon Hermans, die dieselbe Tendenz zeigen: «Sterben, das geschieht nicht auf einmal, sondern immer ein bißchen, nach und nach.»

Eine Relativierung des Sterbens in ausdrücklichem Zusammenhang mit Reinkarnation kommt in dem kürzlich erschienenen Buch von Isola Pisani zum Ausdruck: *Mourir c'est ne pas mourir* (Sterben ist nicht Sterben; Robert Laffont, Paris 1978).

2 Reinkarnationsideen und -vorstellungen anderer Kulturen und früherer europäischer Kulturepochen lasse ich in dieser Schrift absichtlich außer acht. Nicht, weil ich sie für unwesentlich erachte (sie sind außerordentlich wesentlich), sondern weil ich zu wenig über sie weiß. Aus dem Grunde will ich auch nichts anführen, was besser direkt der entsprechenden Literatur selbst entnommen werden kann.

Zwei Autoren möchte ich aber erwähnen: Jean Gebser und Ian Stevenson, die das Thema in unterschiedlicher Weise behandeln. (Vgl. Literaturverzeichnis.)

Zwei Bemerkungen zum Thema «Reinkarnation in nicht-westlichen Kulturen» scheinen mir wichtig: Erstens ist die westliche Art zu denken und zu erfahren (falls überhaupt von *der* westlichen Art zu denken und erfahren gesprochen werden kann) so anders als die anderer Kulturen, daß selbst ganz grundlegende Begriffe (einschließlich «Begriff», «Erfahrung», «Erfahrungstatsache») im Hinblick auf fremde Kulturen nicht ohne weiteres anwendbar sind. Zum zweiten: Der Begriff und die Idee der Reinkarnation sind in vielen Kulturen wahrscheinlich so selbstverständlich und grundlegend, daß alle Anstrengungen einer «Entwicklungshilfe» so lange fehlschlagen müssen, bis hier im Westen eine lebendige Vorstellung über diese Idee entwickelt worden ist.

3 Die Unkenntnis eines Zusammenhanges zwischen Tod und dem «Jenseits» formuliert Robert E. Neale recht deutlich und drastisch in seinem Buch: Die Kunst des Sterbens – Umgang mit dem Tod als Teil des Lebens (holl. Ausg.: Lemniscaat, Rotterdam), S. 132: «Im Gegensatz zu früher geltenden Alternativen nimmt heute die Überzeugung stark zu, daß der Tod dem menschlichen Bestehen ein endgültiges Ende setzt. Es liegt auf der Hand: Wir sehen ja, daß es so ist (!), und in unserer Erinnerung und Erwartung muß es auch so sein. Das gilt schon jahrhundertelang. Die Geschichte selbst hat indirekt schon immer der Wissenschaft bestätigt, daß die Toten «tot» seien. Trotzdem gab es bis heute (!) immer Meinungen, die davon abweichen; jetzt machen sie der obengenannten aber allmählich Platz. Dadurch, daß unsere Ideen zunehmend durch die moderne Philosophie und Naturwissenschaft – die auf Erfahrung und Äußerlichkeit ausgerichtet sind – beherrscht werden, entsteht eine Ideologie, die den Tod als einen natürlichen Verwesungsvorgang hinstellt. Diese Auffassung entspricht ja auch unseren Wahrnehmungen. Erleichtert können wir Auffassungen von Menschen anderer Weltanschauungen über Bord werfen. Endlich hat die Unsicherheit ein Ende, die durch den Streit zwischen den verschiedenen Auffassungen entstanden ist. Auch

die theologischen Haarspaltereien auf diesem Gebiet sind gegenstandslos geworden.»
In einer bekannten holländischen Tageszeitung wurde (in einer Buchbesprechung) der Kommentar zweier Theologen zu den in dem Buch behandelten Fragen zum Leben nach dem Tode folgendermaßen zusammengefaßt: «Diese Fragen interessieren uns nicht oder nur ganz am Rande.»
Über eine andere Auffassung vom Tod und dem Jenseits siehe u. a. Husemann (1938/1980) und Hemleben (1975/1977).

4 Die für uns relevante anthroposophische Literatur kann in vier Gruppen unterteilt werden:
1. Werke von Rudolf Steiner (in dieser Zusammenstellung werden Bücher, die er selber geschrieben hat und die von anderen verfaßten Vortragsschriften gleichermaßen aufgeführt).
a) Grundlegende Schriften (die sich nicht speziell auf das Thema beziehen, aber von grundlegender Bedeutung sind für das hier angestrebte Verständnis von Reinkarnation):
Grundlinien einer Erkenntnistheorie der Goetheschen Weltanschauung (1886); *Die Philosophie der Freiheit* (1894); *Theosophie – Einführung in übersinnliche Welterkenntnis und Menschenbestimmung* (1904); *Wie erlangt man Erkenntnisse der höheren Welten?* (1904); *Die Geheimwissenschaft im Umriß* (1910);
b) Arbeiten speziell zur Reinkarnation:
Reinkarnation und Karma, vom Standpunkte der modernen Naturwissenschaft notwendige Vorstellungen; in: *Luzifer-Gnosis*; Grundlegende Aufsätze zur Anthroposophie und Berichte aus der Zeitschrift «Luzifer» und «Luzifer-Gnosis» 1903–1908 (1960); *Wiederverkörperung und Karma und ihre Bedeutung für die Kultur der Gegenwart* (1912).
2. Werke anderer Autoren:
a) allgemeine:
F. W. Zeylmans van Emmichoven: *Die Wirklichkeit, in der wir leben* (1959); und: *Die menschliche Seele* (1940); B. Lievegoed: *Lebenskrisen – Lebenschancen* (1979); Rudolf Treichler: *Die Entwicklung der Seele im Lebenslauf* (1981); Friedrich Husemann: *Vom Bild und Sinn des Todes* (1938); Ernst Lehrs: *Vom Geist der Sinne* (1973); Johannes Hemleben: *Jenseits* (1975).
b) spezielle:
Friedrich Rittelmeyer: *Wiederverkörperung* (1931); Emil Bock: *Wiederholte Erdenleben* (1932); Günther Wachsmuth: *Die Reinkarnation des Menschen als Phänomen der Metamorphose* (1935); Rudolf Frieling: *Christentum und Wiederverkörperung* (1974); W. F. Veltmann: *Karma en Reïncarnatie* (Karma und Reinkarnation; 1974); Herbert Witzenmann: *Vererbung und Wiederverkörperung des Geistes* (1974/1981). (Vgl. Literaturverzeichnis.)

5 «Es soll in mein Bewußtsein keine ungeprüfte Vorstellung eingelassen werden» (Steiner, *Anweisungen für eine esoterische Schulung*, S. 22). Viele anthroposophische Ideen und Einsichten sind mir bisher über Sekundärliteratur besser zugänglich gewesen, als über Steiners eigene Werke. Es gründen also viele der im vorliegenden Buche dargestellten Ideen ausschließlich auf diesen Sekundärquellen. Das trifft zum Beispiel für die anthroposophische Sinneslehre zu, die in Anm. 41 kurz erwähnt wird. Ich verweise auf Lehrs (1973) und Zeylmans (1946) als Quellen.

6 Anläßlich einer Betrachtung von Reaktionen westlicher Menschen auf die Probleme des Todes schreibt A. Eser (Hrsg.) in *Suizid und Euthanasie als human- und sozialwissenschaftliches Problem* (Ferdinand-Enke-Verlag, Stuttgart 1976), S. 164/165: «Anstatt auf der Suche nach einer Alternative zu den traditionellen Ansichten zurückzukehren, suchen viele Menschen im Denken des Ostens Trost, indem sie den Begriff der Seelenwanderung so uminterpretieren, daß er nicht nur die Auslöschung der Existenz bestreitet, sondern auch eine Absage an die Auslöschung des Bewußtseins umfaßt.»

J. J. Poortman schreibt in einer Besprechung des Buches von A. Rosenberg *Die Seelenreise* (Otto-Walter-Verlag, Olten 1952): «Rosenberg ist außerdem der Meinung, daß die Lehre von der Reinkarnation ausgesprochen östlich und indisch sei und wahrscheinlich nicht ursprünglich zum Westen gehöre ... Angesichts des Metempsychose-Gedankens in Griechenland (Pythagoras, Empedokles u. a.) ist das meiner Meinung nach nicht zutreffend. (In: *Raakvlakken tussen oosterse en westerse filosofie*; Van Gorcum, Assen/Amsterdam, S. 10/11.)

7 Ein bekanntes Beispiel ist der als Hinweis auf ein vorhergehendes Leben angesehene Bericht der Augustiner-Nonne Anna Catharina Emmerich, die von 1774–1824 in Westfalen lebte und am Ende ihres Lebens Clemens Brentano einige Visionen über das Leben Jesu diktierte, die bis in viele Details zuzutreffen scheinen. Ihr Bericht wurde von Godfried Bomans in *Een vergeten plek* nacherzählt (siehe: *Beminde Gelovigen;* Amboboeken, Bilthoven 1970). Mit Recht sagte Bomans: «Bewiesen ist damit allerdings nichts.» Was für verschiedene andere in der parapsychologischen Literatur zirkulierende Berichte ebenfalls zutrifft (siehe z. B. E. H. C. Tenhaeff: *Telepathie en Helderziendheid*-Telepathie und Hellsichtigkeit; P. de Haan, Zeist) oder die in vorbildlicher Weise sorgfältig analysierten Dokumente von Stevenson (1966/1974, 1977).

Ich möchte noch einige Bemerkungen über die Parapsychologie sowie deren Umgang mit der Reinkarnation machen.

1. Die äußerste Integrität, mit der Menschen wie Tenhaeff die Parapsychologie entwickelten, ändert nichts daran, daß meines Erachtens durch das Wörtchen «para» äußerst unglückliche Konstruktionen entstanden sind, wie zum Beispiel in «Parapsychologie», «paranormal» usw. Das

Wort legt eine scharfe, unüberbrückbare Grenze zwischen «normal» und «nicht-normal» fest – schon in der Problemstellung. Das hat weitgreifende und unheilvolle Auswirkungen. Wenn wir jemals zu brauchbaren Begriffen kommen wollen für «paranormale» Erscheinungen, muß – meines Erachtens – erkannt werden, daß es zwischen «normal» und «paranormal» fließende Übergänge gibt; daß besondere paranormale Fähigkeiten ebenso wie z. B. ausgeprägte musikalische Begabungen gesehen werden können. Es sind Fähigkeiten, die in jedem Menschen veranlagt sind, – bei einigen wenigen in genialer Weise. Bei allen aber kann solche Begabung nur dann zu sinnvoller Anwendung kommen, wenn sie ausgebildet und geübt wird.

2. Es ist vielleicht kein Zufall, daß Max Dessoir, der das Wort «Parapsychologie» eingeführt hat (*Vom Jenseits der Seele*; Ferdinand-Enke-Verlag, Stuttgart 1917) einer der entschiedensten Gegner der Anthroposophie gewesen ist. Der einzige übrigens, gegen den Steiner in einer gesonderten Schrift Stellung genommen hat («Max Dessoir über Anthroposophie», in: *Von Seelenrätseln*; 1917/1960, Nr. 21 der Gesamtausgabe).

3. In den letzten Jahren ist zu beobachten, daß die künstliche Mauer, die der Unbegriff «Parapsychologie» zwischen normal und anormal aufgerichtet hat unter einem Ansturm okkultistischer Literatur einzustürzen droht; einer Literatur, die – um es vorsichtig auszudrücken – einen ganz anderen Geist atmet, als das seriöse Vorgehen der ursprünglichen Parapsychologie. Dichterisch gesprochen kann sie vielleicht als ein trickreiches Teufelswerk bezeichnet werden: Wenn er, der Teufel, schon nicht unmittelbar etwas dagegen tun kann, daß die Zeit gekommen ist, in der die Menschen durch die Entwicklung von neuen Auffassungsorganen und Erkenntnissen Bereiche eröffnen, die dem Bewußtsein bisher verschlossen waren, so kann er doch indirekt dem Fortschritt dadurch entgegenwirken, daß er Verwirrung stiftet. Und das geschieht durch Überschwemmen des Marktes mit vielen unkontrollierbaren Wundergeschichten, die in ihrer sensationellen Aufmachung eine ganz besondere Verlockung ausüben. Der damals 85jährige Tenhaeff sagte: «Mein ganzes Leben mußte ich gegen Unglauben kämpfen; jetzt muß ich den Kampf gegen die Leichtgläubigkeit führen!»

4. Die genannten Einwände gegen die Parapsychologie schließen nicht aus, daß von den gewonnenen Einsichten und Resultaten Gebrauch gemacht werden kann. Eine andere Deutung der Erfahrungen und Mitteilungen, die im Zusammenhang mit Reinkarnation gesehen werden könnten, weist zum Beispiel auf das kollektive Unbewußte oder damit verwandte Begriffe wie zum Beispiel «universal mind» hin. «Erinnerungen» an «vorhergehende Leben» sollen demnach «in Wirklichkeit» Formen eines spontanen oder durch Hypnose hervorgerufenen Kontaktes mit dem kollektiven Unbewußten sein. In dem letzteren lägen die Erin-

nerungen der ganzen Menschheit aufbewahrt, jedoch ohne die ganz typische Individualisierung der Erinnerungen, die charakteristisch ist für meine Betrachtungsweise von Reinkarnation. Die genannte Idee ist besonders in osteuropäischen Ländern verbreitet (vgl. S. Ostrander und L. Schroeder: *Psychic Discoveries behind the Iron Curtain*; Bantam Books, 1971).

8 Im Zusammenhang mit dem Begriff «harte (d. h. wissenschaftlich untermauerte) Fakten» kann ich die Einwände gegen die «Para»psychologie (siehe Anm. 7) noch präzisieren: In ihrem Bemühen um echte Wissenschaftlichkeit hat sich die traditionelle Parapsychologie allzu leicht den Normen und Kriterien der Art von «Wissenschaftlichkeit» angepaßt, die um die Jahrhundertwende tonangebend war. Das damalige Ideal von Wissenschaft bestand in einer Betrachtung der aus ihrem ursprünglichen Zusammenhang herausgelösten Erscheinungen aus dem Abstand heraus, ohne Bezug zwischen Gegenstand und Betrachtendem, so «objektiv» wie möglich. Es wurde, soweit als möglich, eine Trennung vollzogen zwischen Theorie und Erklärung einerseits und Praxis und Anwendung andererseits.

Die moderne Wissenschaftstheorie hat dieses Ideal als überaus einseitig entlarvt. Erst wenn wir die Ideen und Einsichten der modernen Wissenschaftstheorien berücksichtigen, können wir – meines Erachtens – Zugang zu den Erscheinungen bekommen, welche außerhalb der für uns heute zugänglichen und üblichen Wirklichkeit liegen. Ein solches Vorgehen habe ich in dieser Schrift angestrebt.

9 Der Hinweis auf Nina Hagen bezieht sich auf ein Interview mit dieser Sängerin am 30. März 1979 (NRC-Handelsblad). Eine ansehnliche Liste von Prominenten, die in irgendeiner Form mit der Idee der Reinkarnation verbunden waren, geben Joseph Head und S. Cranston (1961/1970).

Von aktuellem Interesse ist, daß Wachsmuth (1935, Seite 11) den polnischen Dichter Adam Mickiewicz (1798–1855) einen Anhänger der Reinkarnationslehre nennt. Das ist deswegen aktuell, weil Papst Johannes Paul II. während seiner Polenreise eben diesen Mickiewicz einen Propheten von messias-ähnlicher Bedeutung für das Christentum der kommenden Jahrzehnte nannte. (Papst Johannes Paul II. war ursprünglich der polnische Bischof Karol Wojtyla und ein Philosoph von beachtlichem Ansehen in phänomenologischen Kreisen.) Das läßt vermuten, daß auch die römisch-katholische Kirche Vorbereitungen trifft, um ihre offizielle Meinung über die Reinkarnation zu überprüfen oder zu ändern. Die Sache wird dadurch noch merkwürdiger, daß Literaturkritiker Mickiewicz' Hinwendung zur Reinkarnationslehre äußerst scharf angreifen. Seinen letzten Lebensabschnitt verbrachte Mickiewicz unter dem starken Einfluß des litauisch-polnischen Mystikers Towianski; mit

der Folge, daß sein poetisches Genie gänzlich erlahmte. Nach dieser Begegnung mit Towianski widmete er sich ganz dem Predigen sozialrevolutionärer und mystisch-gnostischer Ideen. Mit wenig Erfolg, wie es scheint. Literarisch bedeutende Arbeiten wurden kaum noch veröffentlicht (siehe Marion A. Gardner: *Adam Mickiewicz, the national poet of Poland*; Dent and Dutton, London 1911; Arno Press and the New York Times Reprint, 1971).
Head and Cranston äußern sich allerdings positiv über Towianski und berichten sogar, er habe angeblich mit Hilfe von zwei Schülern den italienischen Erzbischof Passavalli (1820–1897) von dem Reinkarnationsgedenken überzeugt. Ihr Bericht enthält die Ansicht, daß die römisch-katholische Theologie nicht per se der Reinkarnationslehre abgeneigt zu bleiben braucht. Auch heutzutage gibt es Katholiken, für die die Reinkarnation eine Tatsache ist; ich selber kenne einen in jeder Hinsicht ernsthaften Jesuiten, der von ihr überzeugt ist.

10 Hier tritt ein Aspekt in den Vordergrund, der im folgenden von entscheidender Bedeutung sein wird: Die Beziehung zwischen einer Idee und deren Formulierung.
Die Problematik dieser Beziehung wird sowohl in der Wissenschaftstheorie als auch in der Anthroposophie als eines der grundlegenden Probleme allen menschlichen Erkennens und Wissens erkannt: «Wie skeptisch und kritisch ein Wissenschaftler auch sein mag, er muß sich der Natur mit einigen Fragen nähern; und bis in den Wortlaut dieser Fragen hinein zeigt sich unvermeidlich die intellektuelle Tradition, in der er steht» (Stephen Toulmin und June Goodfield: *The Architecture of Matter*; Harper and Row, New York 1962, S. 137). «Bedenken Sie nur einmal, wie innig verwachsen unsere Vorstellungen mit dem Ausdruck der Vorstellungen sind, mit unserer Sprache. Die Sprache ist die verkörperte Vorstellungswelt» (Steiner, 1912/1970, Seite 49).
Der Begriff «Identität» hat unterschiedliche Bedeutungen und es ist die Frage, inwiewiet sie der Absicht unserer Betrachtungen entsprechen können; «dazwischenliegende Perioden» ruft eine zeitliche Vorstellung hervor, wofür dieselbe Frage gilt. Der gesamten Fragestellung sind übrigens stillschweigende Annahmen über Erde und Raum einverwoben, die größtenteils unbewußt sind, das unbefangene Denken aber trotzdem – oder vielleicht gerade dadurch – ernsthaft stören können.

11 Ein wesentliches Merkmal der anthroposophischen Erkenntnislehre besteht in Relativierung des Unterschiedes von «Denken» und «Erfahren», indem das Denken als eine besondere Art der Erfahrung gesehen wird (s. Steiner 1886 und 1894).

12 Mit diesem Thema befaßt sich ein 1976 erschienenes Buch von Moody. Es ist gleich nach seinem Erscheinen sehr bekannt geworden. Um so bemerkenswerter ist, daß ein Buch von Teunissen (1971) weder bei sei-

nem Erscheinen noch infolge der Popularität, die andere Bücher dieser Art seit ein paar Jahren gewonnen haben, Beachtung fand; obwohl über sein Erscheinen ein ganzseitiger Artikel in einer viel gelesenen Wochenzeitschrift veröffentlicht worden war. Es behandelt genau dasselbe Thema wie Moody, und zwar genau aus dem gleichen Gesichtswinkel heraus. Beide Publikationen haben übrigens nichts mit Anthroposophie oder Reinkarnation zu tun.

Lange vor Moody und Teunissen war übrigens schon das Thema des «Lebenspanoramas» bekannt: Es handelt sich dabei um ein Phänomen, über das Menschen, die aus ernster Lebensgefahr nur wie durch ein Wunder dem Tod entronnen sind, häufig berichten, nämlich daß sie in den Augenblicken der Bedrängnis, in denen sie das Sterben unmittelbar erwarteten, ihr gesamtes Leben in einem großen Panorama vor sich ausgebreitet sahen. Steiner beschreibt und bespricht diese Erscheinung in *Die Geheimwissenschaft im Umriß* (1910/1980); er weist dabei auf den einschlägigen Bericht des damals bekannten Psychiaters und Kriminologen Moritz Benedikt hin. Dieser schreibt über seinen beinahe erfolgten Tod durch Ertrinken in seinem Buch *Aus meinem Leben – Erinnerungen und Erörterungen* (Verlagsbuchhandlung Carl Konegen, Wien 1906): «Es war wohl kaum mehr als eine halbe Minute, daß ich das Bewußtsein hatte, jetzt ertrinke ich. Dabei machte ich die merkwürdige Beobachtung, daß in dieser kurzen Zeit sämtliche Erinnerungen meines Lebens vor mir in rasender Eile vorübergingen. Diese Beobachtung ist in der Psychologie bekannt; selbst erlebt haben es wenige.» (S. a. Husemann 1938/1980.)

13 «Der Gedanke des Todes ist gerade nicht vereinbar mit dem der Persönlichkeit. Deshalb ist die Idee des persönlichen Fortlebens nach dem Tode eine so ansprechende Hypothese, die zugleich den Philosophen zu ernsten Problemen führt, wenn er sie prüfen will. Eins dieser Probleme ist dies: Welche Kriterien für persönliche Identität müßten erfüllt sein, um sicher sein zu können, daß jemand nach dem Tode weiterlebt? ... Ich kann durch die Auslöschung der Persönlichkeit eines anderen erschrecken, aber kann ich das auch durch die meiner eigenen? Kann ich das überhaupt denken?» (Henry W. Johnstone jr.: *Does death have a nature?* The Journal of Medicine und Philosophy 3, 8–24, März 1978).

Von einem etwas anderen Gesichtspunkt aus gesehen sagt Joachim E. Meyer: «Diese These von der Unvorstellbarkeit des persönlichen Todes wird für den Menschen der Gegenwart zum zentralen Problem» (*Todesangst und das Todesbewußtsein der Gegenwart*; Springer-Verlag, Berlin/Heidelberg, New York 1979, S. 18).

14 Wissenschaftstheoretiker, in deren Werken ich viele Anregungen für dieses Buch fand, sind: Kuhn (1970/1972), Feyerabend (1975/1977;

1978) und Geurts (1974/1978); s. a. Verbrugh (1978); dort auch weitere Literaturhinweise.
Der Begriff «Paradigma», den ich anderweitig viel für wissenschaftstheoretische Auseinandersetzungen gebraucht habe, ist in diesem Text nicht zu finden, weil er eine ausführliche Diskussion voraussetzt. Außerdem ist er für das Reinkarnationsthema nicht unbedingt notwendig.

15 Es ist lohnend, sich auf das Grenzgebiet zwischen Wissenschaftsgeschichte und Wissenschaftstheorie zu begeben, um von dort aus zu untersuchen, inwieweit geschichtliche Beispiele von Entwicklungen in der Wissenschaft dazu dienen, Einsichten in aktuelle und zukünftige Wissenschaftsentwicklungen zu gewinnen. Die Bedeutung solcher auf die Geschichte der Fachwissenschaften bezogenen wissenschaftstheoretischen Untersuchungen wird zum Beispiel ersichtlich an der Veröffentlichung von M. R. Pollock: *The Discovery of DNA: An Ironic Tale of Chance, Prejudice and Insight;* Journal of General Microbiology 63, 1–20, 1970.

16 Der entscheidende Stellenwert, den die Anthroposophie dem Reinkarnationsthema einräumt, mag an folgendem deutlich werden: «... in bezug auf die anthroposophische Bewegung als solche ist ... das Fundamentalste ... die Gestalt, welche die Christus-Frage erhält unter der Voraussetzung der Wahrheiten von Reinkarnation und Karma ...» (Steiner, 1912/1970, S. 89). Den Zusammenhang zwischen Reinkarnation und Christentum lasse ich hier ganz außer acht; zu diesem Thema siehe besonders Frieling (1974/1977). Auf den Begriff «Karma» wird in Anm. 53 eingegangen.

17 Goethe hat ganz treffend gesagt: «Was man weiß, das sieht man.» Wie überall besteht auch hier die Gefahr, daß der Wunsch der Vater des Gedankens ist und zum großen Teil mitbestimmt, was «man weiß». In einer bekannten holländischen Zeitung fand ich ein Beispiel, das dem täglichen Leben entnommen ist: Der Schreiber erzählt, wie er und andere Gefangene eines japanischen Gefangenenlagers in Indonesien bei der Befreiung die holländische Fahne flattern «sahen»: «Damals, als die Befreiung kam, sahen wir durch die Palmen hindurch ... eine Flagge wehen und noch eine. Die roten und weißen Farben waren ganz deutlich zu erkennen. Das Blau war gegen den Himmel etwas schwach zu sehen. Wir waren damals gänzlich überzeugt, daß die Einheimischen mit der stolzen dreifarbenen Fahne ihre Freude über unsere Befreiung kundtun wollten. Daß es die rot-weiße Flagge des Nationalismus war, die da wehte, das drang nur ganz langsam zu uns durch.»

18 Selbst diese Formulierung ist in gewisser Weise irreführend. Unsere Vorfahren sahen diese Dinge nämlich nicht mit dem gleichen Bewußt-

sein, wie wir sie, einige Jahrhunderte nach ihnen, sehen. Nach Kuhn (1970/1972, Seite 103) haben wir den Vorteil, etwas im Nachhinein betrachten zu können («the advantages of hindsight»).
Solche Täuschungen sind allerdings unvermeidbar. Wenn die Gesamtheit aller Erfahrungen eine andere wird, muß jede Formulierung, die eine Brücke zwischen dem «Alten» und dem «Neuen» schlagen will, per Definition einseitig sein, weil sie nur jeweils von der heutigen «neuen» Erfahrung aus in Richtung der alten geschlagen werden kann. (Alt und neu setze ich hier in Anführungszeichen, weil das Alte niemals in seiner ursprünglichen Weise erfahren werden kann; nur immer vom Standpunkt des Neuen aus.)
So gesehen vollzieht sich unser Erkennen so, als ob wir zurückschauen würden auf den Lauf der Geschehnisse, welcher den Inhalt unseres Wissens darstellt. Übrigens vermute ich, daß diese lineare Vorstellungsweise (nämlich daß der Strom der Ereignisse aus der Vergangenheit in die Zukunft verläuft und das Erkennen sich gerade umgekehrt bewegt) ersetzt oder wenigstens ergänzt werden muß durch ein ganz anderes Zeitbewußtsein (vgl. Anm. 37).

19 In der Geschichte der Bakteriologie spiegelt sich u. a. der Streit wider zwischen zwei grundsätzlich verschiedenen Betrachtungsweisen, die ich hier – stark schematisiert – einerseits die statische, atomistische, kausal-analytische, andererseits die dynamische, peripher orientierte, holistische, synthetisierende nennen möchte (siehe auch Verbrugh 1978). Für die erste Betrachtungsweise liegt das Spezifische der Krankheit in den Bakterien (im französischen «le grain», der Keim genannt). Die dynamische Betrachtungsweise sieht in der Totalität des Patientenorganismus («le terrain»: das Gebiet, Milieu, in dem sich die Bakterien zu einer Krankheit entwickeln können) den wichtigsten Faktor des Krankseins. Die statische Auffassung hat sich in den Jahren 1842 bis 1900 durchgesetzt (vgl. Steiner 1920/1961, S. 22ff., Verbrugh 1972/1974, S. 59–61 und derselbe 1978, S. 119) und beherrscht seither unser Erkenntnis- und Vorstellungsvermögen so stark, daß uns das Begreifen einer dynamischen Gesamtheit von Faktoren und Umständen («terrain»), die das Wuchern von Bakterien möglich machen, äußerst schwerfällt. (Auf S. 62 wird der Begriff «periphere Identität» eingeführt, der ebenfalls typisch dynamisch gedacht werden will.)

20 Die Betrachtung geschichtlicher Entwicklungen in der Wissenschaft mißt im allgemeinen dem Einfluß der Technik, der Handwerkskünste und den damit zusammenhängenden praktischen Problemen des täglichen Lebens zuwenig Bedeutung bei.
Wissenschaft wurde einmal die Ehe zwischen Technik und Philosophie genannt, eine Vorstellung, an der wir – vom Gesichtspunkt des dreigliedrigen Menschen- und Weltbildes der Anthroposophie – die Signa-

tur des Ober- bzw. Unterpols erkennen können. Feyerabends Betrachtungsweise (1978) der Wissenschaft als einer Wechselwirkung zwischen «practice» und «reason» geht vermutlich in dieselbe Richtung.

21 Für die Kürze der Formulierung im Text gilt dasselbe wie in Anm. 10 bereits gesagt: Was verstehen wir unter «Entdeckung», «Tiefenpsychologie» usw.? Das Unbewußte war schon lange vor 1900 bekannt; das, was wir Tiefenpsychologie nennen, trat erst in den ersten Jahrzehnten des 20. Jahrhunderts auf. Die wahre Bedeutung Freuds liegt darin, daß er die Wissenschaft seiner Zeit mehr oder weniger gezwungen hat, Motive und dynamische Abläufe, die tief im Menschen wirksam, für das Bewußtsein aber nicht oder nur schwer zugänglich sind, als reale «Objekte» der Untersuchung anzuerkennen. Übrigens beschreibt auch die Anthroposophie einen Weg, auf dem die inneren Tiefen kennengelernt werden können; er ist sogar fruchtbarer als die «anerkannten» Richtungen der Tiefenpsychologie, weil er zusätzlich konkrete Anknüpfungspunkte zu anderen Bereichen, wie z. B. den Naturwissenschaften, metaphysischen Dimensionen des Jenseits, der Philosophie und Politik bietet.

22 Lombroso hat auch den Begriff «deliquente nato» («geborener Verbrecher») geschaffen, der auf S. 72 genannt wird. (Zit. nach Th. Ziehen: *Psychiatrie für Ärzte und Studierende bearbeitet;* S. Hirzel Verlag, Leipzig 1913, 4. Aufl., S. 693.)

23 Diskussionen neueren Datums über die Soziobiologie, und die Bestürzung, die medizinisch-biologische Untersuchungen an Schwerverbrechern hervorgerufen haben, lassen vermuten, daß die Frage nach der Entstehung von Psychopathie und kriminellem Verhalten noch lange nicht vom Tisch ist.

24 Das Bewußtsein der Öffentlichkeit, daß es sich hier um ein Problem handelt, für das das heutige Denken über den Menschen keine Lösung finden kann, kommt meines Erachtens z. B. darin zum Ausdruck, daß Sujets über Verbrecher in der Literatur so beliebt sind. Siehe zum Beispiel die Gestalt des Moosbrugger im *Der Mann ohne Eigenschaften* von Robert Musil (Rowohlt, Hamburg 1952) oder die des Gilmore in *The Executioner's Song* von Norman Mailer (Hutchinson, London 1979).

In Holland haben wir das Dilemma, von dem hier die Rede ist, an den Zugbesetzungen und Geiselnahmen durch die Molukker erlebt; und zwar ein paar Dutzend Menschen am eigenen Leibe.

Der Zusammenhang zwischen der allgemeinen Auffassung vom Menschen und dem Problem der echten Kriminalität wird auf S. 71 ff. noch einmal aufgegriffen.

25 Die Tatsache, daß eine wissenschaftliche oder sonstige Entdeckung, im nachhinein durch die Nachkommen der Entdecker gesehen, ganz an-

ders aussieht als zur Zeit der Entdeckung selber, ist bekannt als der Unterschied zwischen dem «context of justification», der nachträglichen Rechtfertigung, und dem «context of discovery», dem Kontext der Entdeckung selber. Mehr darüber siehe Verbrugh (1978), S. 36–37.

26 Diskussionen über «Beweis» und «Beweiskraft» gehen allzuoft daran vorbei, daß ein «Beweis» nur dann «Beweiskraft» hat, wenn er in einem gut organisierten und theoretisch solide gegründeten sozialen Rahmen von zwei oder mehr Menschen auftritt, die miteinander die Maßstäbe vereinbart haben, denen das, was als «Beweis» Gültigkeit beansprucht, entsprechen muß. Hinsichtlich der Reinkarnation kann von einem derartigen Rahmen noch gar keine Rede sein.

27 Ob wir einen Bericht oder eine Mitteilung als Beweis gelten lassen, für glaubwürdig und zuverlässig halten oder nicht, ist letzten Endes eine Entscheidung, die jeder Mensch in Freiheit für sich selber treffen muß. Das gilt ebenso für die Einsicht in die Richtigkeit einer wissenschaftlichen Behauptung oder für das Gefühl der Unvermeidbarkeit eines logischen Schlusses. Bei Entscheidungen dieser Art ist immer ein Gefühlsmoment ausschlaggebend. («Ich *vertraue* diesem Bericht oder dieser Mitteilung und deshalb nehme ich deren Richtigkeit an.»)

28 Bericht Nr. 1 und 3 wurden im «NRC-Handelsblad» vom 10. März 1973, Nr. 2 im «Bres» Nr. 41, 1973, veröffentlicht.
Außerdem wurden sie – in demselben Zusammenhang, der hier weiter ausgearbeitet wurde – besprochen von Verbrugh (1972/1974), S. 145/146.

29 Eine Umschreibung des Begriffes «paranormal», die meines Erachtens an meine Bedenken, die ich in Anm. 7 und 8 formuliert habe, weiterführend anschließt, fand ich bei Le Shan (1966/1974): «Diese (nämlich seine Theorie über das Paranormale) beruht auf dem Gedanken, daß jedes metaphysische System gewisse Aktivitäten und Ereignisse erlaubt (die ‹normal› sind, wenn man das System bejaht), andere jedoch verbietet (die deshalb in seinem Rahmen als ‹paranormal› gelten).» (S. XVI–XVIII.)
Das Weiterführende an dieser Theorie liegt in dem Gedanken, daß wir viel größere Freiheit haben, dieses oder jenes (oder eventuell sogar mehrere) metaphysische System (oder Systeme) zu gebrauchen, als das früher, zu der Zeit, in der die Parapsychologie aus einem Zweig der Wissenschaft entstand, angenommen wurde.

30 Ein bekanntes Beispiel dafür stellt der Auftakt des Lebenslaufes des Dichters Rilke dar. Die Familie Rilke bekam erst eine Tochter Maria, die jung starb. Danach kam ein Sohn und die Mutter behauptete, daß Maria wiedergeboren sei. Daher der Name: Maria Re-née (Maria, die Wiedergeborene), verdeutscht: Rainer Maria (Rainer ist die deutsche Version von René); s. Insel Almanach 14, 1923, S. 470, und: *Aus dem*

Nachlaß des Grafen C. W.; Insel-Verlag, 1950 (berichtet durch Han Kloosterman).

Ein anderes Beispiel aus der Literatur, das an die hier angeführten Berichte anschließt, finden wir bei Clara Ascher-Pinkhof: *Danseres zonder benen* (Tänzerin ohne Beine; H. P. Leopold's Uitgeversmaatschappij, Den Haag 1966, 7. Auflage 1968, S. 64–69). Nachdem die Verfasserin beschrieben hat, daß sie sich nach einem weiteren Kinde sehnt, was aus verschiedenen Gründen von der Umwelt als wenig wünschenswert angesehen wird, erzählt sie folgendes: «Im Frühling, kurz vor Passah, kam eine Nacht, in der sich meine Ängste und mein Wissen nach außen wühlen wollten. Ich wollte es Abraham erzählen, der schlief aber so still und bewußtlos, daß ich ihn mit meinen Gedanken nicht belasten wollte. Plötzlich wurde mein Wesen in überirdische Höhen gehoben. Ich war fast glücklich dabei. Ich sah die Dinge, wie sie waren und wie sie sein werden. Dann formten sich die Worte, die Zeilen des Gedichtes. Ich glitt von den Höhen des Traumes hinunter. Ruhig konnte ich aufstehen und die Verse aufschreiben. Dann schlief ich ein. Am nächsten Morgen konnte ich Abraham nicht beschreiben, was geschehen war. Ich konnte ihn nur das Gedicht lesen lassen:

> Oh, ich war nahe bei Gott.
> Mein Leib war kein fühlender Leib mehr,
> mein Atem war kein Atem.
> Ich fühlte nichts als das eine Kostbare,
> das in meinen Armen lag und schlief ...

Neun Monate später wurde die kleine Fieke geboren.»

Wer den Mut hat, für Inspirationen eines bestimmten Ausmaßes noch empfindsam zu sein, hört in diesen Zeilen vielleicht ein Echo der Geschichte von Ruth, wie sie Victor Hugo in seinem Gedicht *Booz endormi* (dt.: Der schlafende Boos; in: *La légende des Siècles*) besingt; vgl. auch E. Bock: *Moses und sein Zeitalter – Das Alte Testament und die Geistesgeschichte der Menschheit* (Verlag der Christengemeinschaft, Stuttgart 1935, 6. Aufl. Verlag Urachhaus 1978).

Bei G. H. von Schubert finden wir in seinem Buch *Die Geschichte der Seele* (J. G. Cotta'sche Buchhandlung, Stuttgart und Tübingen 1833, S. 270–271) eine psychologische Darstellung, die an das anschließt, was ich hier erörtern möchte: «Es grenzet hieran (nämlich an die Wechselwirkung zwischen Mutter und Kind in der Zeit der Schwangerschaft) ein Gebiet von Erfahrungen, welche zu den merkwürdigsten, zugleich aber auch zu den am wenigsten sorgfältig beachteten der Seelenkunde gehören ... Wenn auch die Wirksamkeit der mütterlichen jene der noch nicht zur Leiblichkeit hindurchgebrochenen Seele der Frucht ebenso laut übertönt wie das Rufen eines starken Mannes die leise Stimme eines

Kindes, ja wenn auch die Wirksamkeit der letzteren von jener der ersteren insgemein so weit überstrahlt und unmerklich gemacht wird, wie das Licht eines kleinen Sternes von dem Lichte der Sonne; so wird doch von der leise fühlenden, durch das Getöse des äußeren Lebens nicht übertäubten Seele der Mutter ... die Nähe und der Einfluß einer dem Urquell des Werdens noch näher stehenden, andren Seele empfunden. Es ist die Stimme, es sind die Kräfte einer unsichtbaren Welt, welche dann, wenn sie nicht von dem lauten, inneren Geschrei der Leidenschaft ... übertäubt und in ihrem Keim verdorben werden, die mütterliche Seele selber emportragen helfen ...»

Gerhart Palmer gibt in seinem Artikel *Kinderzeugnisse zum Woher, Wohin und zur Wiederkehr* (Die Christengemeinschaft, 52, S. 51–53, Februar 1980) einige interessante Berichte, in denen sich Kinder oder Erwachsene spontan über vorgeburtliche Erinnerungen äußern. Diesen Berichten liegen teils eigene Beobachtungen, teils bekannte Werke der Literatur (zum Beispiel Leo Tolstois *Erinnerungen aus meinen Kinderjahren* und *Humboldt's Gift* von Saul Bellow) zugrunde.

31 Meines Erachtens weist die hier beschriebene Erfahrung auf eine Idee der Anthroposophie hin, nämlich die «Vorschau», die ein Mensch auf die kommende Inkarnation hat, bevor er sie antritt. Sie kann als ein polares Gegenbild zu dem «Rückblick» (der «Rückschau») gesehen werden, den der Mensch nach dem Tod auf seine vergangene Inkarnation vornimmt. Diese zuletzt genannte Idee ist nicht nur in der Anthroposophie, sondern auch in der «offiziellen» Psychologie bekannt. Es gibt mehrere sorgfältig belegte Berichte von Menschen, die – zumeist unerwartet – dem Tode ganz nah waren und in den aus ihrer damaligen Sicht offensichtlich letzten Augenblicken ihres Lebens ein großes «Panorama» ihres Lebenslaufes vor sich sahen. Weil sie, für sie selber unerwartet, doch am Leben blieben, konnten sie später darüber berichten. Zum «Lebenspanorama» vgl. Anm. 12.

32 Einige ergänzende Bemerkungen: Tenhaeff pflegte eine äußerst aufschlußreiche Anekdote zu erzählen. Sie handelt von einem holländischen Hellseher, der einmal von einer besorgten Frau, deren Mann seit einiger Zeit spurlos verschwunden war, zu Rate gezogen wurde: «Sie müssen meinen Mann wiederfinden und wenn er in tausend Stücke geschnitten wäre», rief die Frau verzweifelt aus. Der Hellseher sah daraufhin tatsächlich ein Bild von der Leiche eines Mannes, der (durch ein Unglück mit einer Schriffschraube) in Stücke gerissen war – allerdings war es nicht der Ehemann der Frau, die ihn um Rat gefragt hatte. Die Erklärung dazu lautet (ich entnehme sie dem mündlichen Bericht von Tenhaeff), daß der Hellseher durch die heftige Reaktion der Frau so stark in seinen eidetischen («bildformenden») Kräften angesprochen wurde, daß er das Bild eines Mannes sah, der sich tatsächlich in den

Umständen befand, die die Frau beschrieben hat. (Tenhaeff nennt das eine «echte Pseudohalluzination».)
Die Möglichkeit, innerlich Bilder zu formen (das «imaginative Bewußtsein»), ist im anthroposophischen Menschenbild nicht nur eine Grille der Natur, die ausschließlich bei «paranormal» Begabten in Erscheinung tritt, sondern eine normale Fähigkeit, die jeder Mensch mehr oder weniger hat und die durch Schulung und Übung weiterentwickelt werden kann (auch wenn es dabei nicht um die Absicht geht, «hellseherische» Fähigkeiten anzuwenden). Das setzt als selbstverständlich voraus, daß die «Bildsprache» in ihrer Berechtigung anerkannt und nicht als unwissenschaftlich und überholt abgetan wird. Diese bildfeindliche Haltung stellt allerdings für einige «das» Kennzeichen für «die» Wissenschaft überhaupt dar. So lesen wir z. B. bei Gaston Bachelard (übrigens einem äußerst wichtigen Wissenschaftsphilosophen) in seinem Buch *La Formation de l'esprit Scientifique – Contribution à une Psychoanalyse de la Connaissance Objective* (Librairie Philosophique J. Vrin, Paris 1957), S. 38: «Eine Wissenschaft, die die Bilder akzeptiert, ist mehr als jede andere Opfer der Metapher. Auch der wissenschaftliche Geist muß unaufhörlich gegen die Bilder, gegen die Analogien, gegen die Metaphern kämpfen.»
Dasselbe drückt schon der Titel eines meines Erachtens zu Unrecht vergessenen Buches von H. F. Umbgrove aus: *De beeldenstorm der wetenschap* (Der Bildersturm der Wissenschaft; Martinus Nijhoff, 's-Gravenhage 1944). Dessen ungeachtet, gehen Inhalt und Tendenz dieses Büchleins ein Stück in die Richtung, die mir besonders fruchtbar erscheint: Es sei nicht sinnvoll, gegen Bilder und in Bildsprache ausgedrückte Vorstellungen als etwas «Unwissenschaftliches» zu kämpfen; gerade durch die Wechselwirkung und Synthese von bewußter Bildform und abstraktem Denken könne ein weitreichendes Erkentnisvermögen entwickelt werden.
Die in Anm. 7 formulierten Einwände gegen die traditionelle Parapsychologie können jetzt weiter ausgeführt werden: Die Parapsychologie orientiert sich beinahe krampfhaft an Normen und Werten der traditionellen «anti-bildhaften» Wissenschaft und nimmt dadurch sozusagen die wichtigste Sprache, in der ihre ursprünglichen Informationen übermittelt werden, selber nicht ernst. Ist eine Wissenschaft, die so vorgeht, überhaupt noch ernst zu nehmen?

33 «Identität» ist nicht nur ein sehr weitreichender und nuancierter Begriff; er ist auch seit ein paar Jahren in Mode gekommen. De Levita (*The Concept of Identity* – Der Begriff der Identität; Dissertation, Utrecht 1965; hrsg. von Mouton und Co., Den Haag) spricht von einem «Wunderbaum», der plötzlich emporgeschossen sei und an welchem viele Früchte wüchsen, zum Beispiel die «Möglichkeit, sich selber als

eine Kontinuität zu erfahren», «das ahnende Wissen, für immer ein selbständiges Wesen zu sein», «ein Vergleich zwischen Selbstwahrnehmung und Wahrnehmung durch andere», «das wahre Selbst...» Andere Autoren sehen in der «Identität» ein Synomym für die Begriffe «Rolle» und «Individualität».

Bisher sind das nur die psychologischen «Früchte» dieses Wunderbaumes! Wenn wir die Biologen und Philosophen hinzuziehen, kommt es zu noch viel reicheren Abstufungen. Allerdings erhebt sich zu gleicher Zeit die Frage, ob wir den Begriff «Identität» überhaupt von einem Wissenschaftsgebiet auf das andere übertragen können. (Geht es dabei wirklich um denselben Begriff? Worin liegt die Identität des Begriffes «Identität»?) Auf diese Frage und besonders zwei Aspekte von ihr, nämlich den negativen der Begriffsverwirrung und den positiven der Begriffsentwicklung, wird in Anm. 50 weiter eingegangen. Ein anderer Aspekt, den ich hier noch nennen möchte, liegt in dem Unterschied, den wir zwischen einer statischen («ich bin, der ich bin») und einer dynamischen Auffassung («ich bin, der ich werde») der «Identität» machen können. Die letztgenannte ist für uns schwieriger zu verstehen (vgl. Anm. 19!), im Zusammenhang mit meinen Auseinandersetzungen aber von grundlegender Bedeutung.

34 Der entscheidende Unterschied zwischen dem aus der Distanz betrachteten, objektivierten und «toten» Körper der traditionell naturwissenschaftlich orientierten Anatomie, Physiologie und Medizin und dem als lebendig erlebten,-belebten Leib, ist in der phänomenologischen Philosophie und Wissenschaft sehr wohl bekannt. Er wird aber bis in die praktische Gesundheitspflege hinein ein selbstverständlicher Teil des geistigen Gepäckes eines jeden Menschen werden müssen, wenn die Idee der Reinkarnation eine tatsächliche Erfahrung werden soll. Ansätze dazu sind vor allem in der anthroposophischen Heilkunde zu finden.

35 Wörtlich genommen ist der «blinde Fleck» der Teil der Netzhaut, an dem der Sehnerv in die Netzhaut einmündet. Im übertragenen Sinne deutet er etwas an, daß zwar besteht, das wir aber nicht sehen können oder wollen. In diesem Sinne ist der Begriff mit der Theorie der «kognitiven Dissonanz» verwandt. Laut dieser Theorie vertragen wir keinerlei inneren Widerspruch; in Situationen, in denen uns zwei als widersprüchlich empfundene Dinge entgegentreten, suggerieren wir eins davon unbewußt «weg».

Auf die im Text besprochene Situation bezogen heißt das: Das Innere gibt uns vage Signale unserer Unsterblichkeit (vgl. Anm. 13!), – Erziehung und Unterricht der bestehenden Kultur bewirken aber, daß wir unser Leben im allgemeinen nur auf das stützen, was wir mit unseren Sinnesorganen wahrnehmen können. Die Idee der «Unsterblichkeit» fällt in unserer Kultur nicht in die Kategorie derjenigen Erscheinungen, über die wir uns ausschließlich mit Hilfe unserer Sinnesorgane vergewissern können. Um der kognitiven Dissonanz zu entgehen, die auftreten würde, wenn unser Bewußtsein die widersprüchlichen Informationen gleichzeitig zuließe, schalten wir (unbewußt) eine der beiden aus. In gleicher Weise sind wir auch mit den Signalen der Unsterblichkeit umgegangen, jedenfalls soweit wir uns entsprechend den Normen und Einsichten der herrschenden Kultur verhalten haben (vgl. Anm. 2). Es ist ein Anliegen dieses Buchs, bewußt werden zu lassen, daß das Problem der kognitiven Dissonanz im Hinblick auf die Unsterblichkeit und Identität in der hier beschriebenen Art nicht «gelöst» werden kann.

36 Das bekannteste Beispiel hierfür ist meines Erachtens das Weltbild der Antike, in dem die Erde das Zentrum des Kosmos darstellte, um welches Sonne, Mond und die anderen Planeten ihre Bahnen zogen. Jahrhundertelang bildete es die Basis einer gutfunktionierenden Astronomie, mußte später aber doch ganz revidiert werden. Vgl. Kuhn (1970/1972) und Verbrugh (1978), dort auch weitere Literaturhinweise.

37 Vergleiche Anm. 18. Die Idee, daß es außer dem Zeitenstrom, der aus der Vergangenheit kommend sich auf die Zukunft hinbewegt, einen anderen, der sich in die umgekehrte Richtung bewegt, geben soll, lasse ich hier außer acht. Denn ich weiß nahezu nichts darüber. Sie scheint mir aber bedeutungsvoll zu sein, unter anderem weil sie sowohl in der modernen Naturwissenschaft als auch in der Anthroposophie zu finden ist.

38 Um die wahrscheinlich etwas schwierig und beschwerlich anmutenden Erörterungen des Haupttextes etwas aufzulockern, kurz ein leichterer Kommentar: «Man kommt sich durch die Wiederverkörperung auch nicht selbst abhanden, etwa im Sinne der einmal von Wilhelm Busch aufgeworfenen Frage, ob ich dann ‹noch sagen kann: ich bin's›. *Bin ich's denn noch*, wenn ich mich als ein anderer Mensch verkörpere. Hier müßte erst einmal die Gegenfrage gestellt werden: *‹Bin ich's denn schon?›» (Frieling 1974/1977, S. 75).*

39 Vorausgreifend möchte ich schon hier darauf hinweisen, daß – stark schematisch dargestellt – dieses «Nachprüfen» so vorgestellt werden kann, daß wir unterscheiden lernen zwischen denjenigen «Elementen» unserer Biographie, die wir aus biologisch-erblichen und sozial-psychologischen Einflüssen mitbekommen haben, und denen, die verwandt sind mit unserer präexistenten, vorgeburtlichen Identität bzw. ihr entströmen. Wenn ich das nun schon so vereinfacht und schematisch hinstelle, möchte ich auch ausdrücklich darauf hinweisen, daß dieses «Nachprüfen» äußerst vorsichtig und sorgfältig vorgenommen werden muß. Das Streben nach der Einsicht, wer oder was ein Mensch in der vorigen Inkarnation gewesen ist, ist durch mannigfaltige Irrtümer gefährdet; auch dann, wenn es sich nicht um Scharlatanerie handelt (wie das

allerdings oft der Fall ist) und weder Hypnose noch andere, die bewußte Kontrolle der Methode unmöglich machende Techniken angewendet werden. Außerdem muß bedacht werden, daß biographische »Elemente«, die durch Inkarnationen hindurch mit unserer Identität verknüpft sind, sicherlich nicht nur aus der Vergangenheit stammen (und von daher brauchbar sind, um die Reinkarnationsidee als Tatsache »nachzuweisen«), sondern ebensogut auf die Zukunft, auf kommende Inkarnation hinweisen können. Spekulationen hierüber sind auch wieder von Übel; nicht zuletzt deswegen, weil sie dazu führen können, unbewußt phantasierte Vorstellungsinhalte für die Wirlichkeit zu halten.

40 Dieses Phänomen wird anhand des klassischen Beispiels der «Wolfskinder» verdeutlicht: An Kindern, die nicht von menschlichen Eltern, sondern von wilden Tieren aufgezogen werden. Siehe: Jacob Lutz, *Kinderpsychiatrie* (Rotapfel-Verlag, Zürich und Stuttgart 1964); dieses Buch enthält eine Beschreibung der normalen kindlichen Entwicklung, die in gewisser Hinsicht an die Ideen dieses Textes anschließt.
Klassisch ist das Beispiel des Wolfskindes von Aveyron, das im letzten Jahrhundert als Elfjähriges von Jägern gefunden und von dem Arzt und Begründer der medizinisch-pädagogischen Behandlung geistig behinderter Kinder Jean Itard versorgt und erzogen wurde.

41 Eine gute Darstellung der anthroposophischen Sinneslehre finden wir bei Zeylmans van Emmichoven (1946) und Lehrs (1973). Das, was ich hier als «Identitätssinn» bezeichne, wird dort mit Steiner «Ich-Sinn» genannt.

42 Fast immer ist, um weiterzukommen, die Aufgliederung eines umfassenden Problems in Teilaspekte notwendig, welche wiederum einzeln untersucht werden. Mit dieser Prozedur sind schon viele Erfahrungen gemacht worden. Weit weniger Erfahrungen sind in bezug auf die Frage vorhanden, wie aus den einzelnen Teillösungen eine umfassende Gesamtlösung des ursprünglichen Problems konstruiert werden kann.
Auch hinsichtlich der Frage, wie die analytische Methode der Aufteilung und Aufsplitterung von Problemen mit der in Anm. 32 angedeuteten bildformenden Methode integriert werden kann, herrscht große Unsicherheit und Unklarheit. Einen Zugang scheint eine Vorgehensweise mit sich zu bringen, die den Begriff der «*Polarität*» in den Mittelpunkt stellt. Das Problem oder Thema wird bei einer derartigen Untersuchung nicht in *Teile* zerlegt, die als solche nicht mehr das Ganze vertreten, sondern in *Glieder*. Ein Glied läßt immer, wenn auch in metamorphosierter Form, diejenigen Prinzipien erkennen, die das Ganze formen und bestimmen. Eine gute Ausführung dieses Vorgehens habe ich bei Vogel gefunden (1967/1979; vgl. auch (Anm. 49).

43 Das ist eine klassische Äußerung der Wissenschaftstheorie. Sie stammt von Francis Bacon und steht in seinem *Novum Organon* (1620): «Truth

emerges more readily from error than from confusion» (entnommen aus Kuhn, 1970/1972, S. 18). Eine wichtige Würdigung der Bedeutung Bacons für unsere heutige Naturwissenschaft finden wir bei R. van Romunde: *Materie en Straling in Ruimte en Tijd*, deel I (Materie und Strahlung in Raum und Zeit, Teil 1; Vrij Geestesleven, Zeist 1971, S. 11 bis 25).

44 Zur Minderung der bestehenden Begriffsverwirrung nenne ich hier diejenigen Begriffe, die im Zusammenhang mit der Reinkarnation verwendet werden. *Wiedergeburt*: dieses Wort wird u. a. manchmal verwendet, um eine tiefe Bekehrung zu beschreiben, aus der der betreffende Mensch tatsächlich als «neuer Mensch» hervorgeht. *Seelenwanderung:* hier erhebt sich die Frage, was denn exakt unter «Seele» verstanden wird. *Wiederfleischwerdung* und *Wiederverkörperung*. Aus dem Griechischen stammen die Worte *Palingenese* (Wiedererschaffung) und *Metempsychose* (die Vorsilbe «met» bedeutet im allgemeinen «Veränderung»; auch hier erhebt sich die Frage, was denn genau unter «Psyche» zu verstehen ist).

45 Der Begriff Wesenskern stammt von Steiner, der ihn – soweit ich das weiß – erstmalig 1904 bei einer Fragenbeantwortung angewendet hat (Steiner, 1903–1908, 1960, S. 374, 375); siehe auch Steiner (1912/1970, an mehreren Stellen).
Der Vorbehalt «im Prinzip» weist auf die Beantwortung einer eventuell auftauchenden kritischen Frage hin, wie zum Beispiel: «Unvergänglich für ewig?» Ich habe keine Vorstellung von dem, was ewig ist, außer daß ich eine gewisse Vorstellung von «Zeitlosigkeit» habe. Das hindert mich nicht daran, eine Vorstellung von diesem «Wesenskern» als einer konkreten Erfahrung anzustreben, im Gegenteil. «Wenn man die Dinge konkret nimmt, kann man das Fragen in gewissen Gebieten nicht in beliebiger Weise weitertreiben. Ich habe einmal das Beispiel erwähnt: Man sieht auf einer Straße Furchen. Da kann man fragen: Woher sind sie? – Weil ein Wagen gefahren ist. – Warum ist der Wagen gefahren? – Weil die, die darin sitzen, einen bestimmten Ort erreichen wollten. – Warum wollten sie einen bestimmten Ort erreichen? – Einmal hört in der Wirklichkeit die Fragestellung auf. Bleibt man im Abstrakten, so kann man immer weiter drehen. Das konkrete Denken findet immer ein Ende, das abstrakte Denken läuft mit dem Gedanken immer endlos wie ein Rad herum. So ist es auch mit den Fragen, die über nicht so naheliegende Gebiete gestellt werden.» (Steiner 1919/1960, S. 21.)

46 Um die Betrachtung auf S. 90ff. über das Männlich-Weibliche, bezogen auf Identität und Reinkarnation, vorwegzunehmen, möchte ich schon hier ausdrücklich feststellen, daß das «er» für Wesenskern allein aus sprachlichen Gründen «männlich» ist. Zu Recht weisen Vorkämpferinnen der Emanzipation des weiblichen Elementes im Menschen

darauf hin, daß unser allgemein üblicher Sprachgebrauch ausgesprochen maskuline Züge hat und daß von daher schon die Fragen, die wir stellen, die Richtung ihrer Antworten bestimmen (s. a. Anm. 69; vgl. das Zitat von Toulmin und Goodfield in Anm. 10).

47 Der in Anm. 34 erwähnte Begriff der «Körperlichkeit» kann dadurch ausgebaut werden, daß Inhalt und Bedeutung so erweitert und präzisiert werden, daß die Wendung «(Re)Inkarnation eines Wesenskerns in einer Körperlichkeit» zu einem sinnvollen und praktisch anwendbaren Begriff wird.

48 Soweit ich weiß, werden die besonderen Aspekte der Beziehungen zwischen Leib, Seele und Geist, bezogen auf die ersten neun Monate des Lebens, der unvergleichlichen und einzigartigen Episode der Menschwerdung, nur in der Anthroposophie wissenschaftlich untersucht. Siehe Wilmar (1979). Nach Gebser (1943/1975, S. 177) untersuchte der griechische Arzt Alkmaion von Kroton (ca. 500 v. Chr.) die menschliche Embryonalentwicklung im Hinblick auf die Fragen der Reinkarnation.

49 «Polar», «Pol» und «Polarität» sind grundlegende Begriffe des anthroposophisch-phänomenologischen Denkens. Sie haben zum Inhalt, daß sich die Wirklichkeit uns in erster Instanz als ein fließender, dynamischer, ungeordneter Strom von Ereignissen entgegenstellt; daß wir mit unserem Denken in diese Unordnung eine derartige lebendige Ordnung schaffen können, daß die reale Beziehung zwischen uns und der Wirklichkeit außerhalb von uns bestehen bleibt. Dieses Ordnen geschieht dadurch, daß wir für unsere Erkenntnis immer wieder zwei «Ankerplätze» wählen. (Übrigens muß gesagt werden, daß die Vorstellung von einem genau lokalisierbaren Ort, die mit dem Wort Ankerplatz verbunden ist, irreführt. S. 61 ff. kommt zum Beispiel die Polarität zwischen «zentraler» und «peripherer» Identität zur Sprache; das Kennzeichen der «peripheren» Identität ist gerade, daß sie nicht an einem Ort zu lokalisieren ist. Im übertragenen Sinne kann das Wort Ankerplatz dennoch eine Hilfe bieten.) Die «Ankerplätze» werden dann «polar» genannt, wenn unser Denkinhalt des einen Ankerplatzes den des anderen (und umgekehrt) zwar ausschließt, aber dennoch etwas von dem anderen Inhalt in dem einen gefunden werden kann. Ein bekanntes Beispiel dafür ist die Polarität von «Yin» und «Yang». Außerdem ist wichtig, daß wir uns zwischen den beiden Polen ein dynamisches Gleichgewicht vorstellen können, aus dem sich ergibt, daß im Laufe der Zeit der Inhalt des einen Pols in den Inhalt des anderen Pols übergeht oder umschlägt (und umgekehrt). Ein weiterer Wesenszug der Polarisierung besteht darin, daß, wenn wir ein Ganzes in seine polaren Glieder aufteilen, jeder Teil wieder beide Pole beinhaltet. «Polaritäten» sind demnach nur in ganzheitlichen Zusammenhängen zu finden.

50 Es könnte kritisiert werden, daß ich die Begriffe «Ein-» und «Auswikkeln», die eine, für einen ganz bestimmten Bereich geltende, klar umschriebene Bedeutung haben, so ohne weiteres auf einen anderen Bereich übertrage. Das wird zwar häufig getan, ist aber eigentlich eine unsaubere Sache. (Als Beispiel hierzu kann der Umgang einiger Parapsychologen und Akupunkteure mit dem Begriff «Energie» genannt werden.) Dieser Kritik möchte ich mit der Feststellung begegnen, daß derartige Begriffsübertragungen von einem Wissenschaftsbereich auf einen anderen nicht unbedingt zur Verwirrung führen müssen; sie können auch zu größerer Einsicht beitragen. Ein Beispiel dafür ist die Übertragung des pathologischen Begriffs «Läsion» auf das Gebiet der Biochemie (über den Begriff «biochemical lesion» s. Verbrugh 1978, S. 88 und 99f.). Selbstverständliche Voraussetzung dafür ist, daß der gesamte Zusammenhang, auf den wir einen Begriff übertragen, exakt umschrieben wird. Das anthroposophische Menschenbild ist meines Erachtens in bezug auf Inhalt und Methode ausreichend deutlich umschrieben und rechtfertigt von daher die im Haupttext vorgenommene Begriffsübertragung von «Ein»- und «Auswickelung».
Wärme ist auch ein derartiger Begriff. Seine Übertragung von einem zum anderen Bereich geschieht so, daß – mit ein bißchen Phantasie – jeder dieser Metamorphose folgen kann. Die physikalische Wärme hat schon von sich aus einen dynamischen Charakter; sie pflanzt sich sowohl durch Strahlung als auch durch Leitung fort. Daß sie gleichzeitig als «Übergangszustand» zwischen Materie und Geist gesehen werden kann, kommt am Begriff der «Nestwärme» beispielhaft zum Ausdruck. Ein kleines Kind braucht sowohl körperliche Wärme (und zwar mehr als es den gängigen medizinischen Regeln nach bekommt!) als auch affektive Wärme. Wer ein bißchen Erfahrung mit kleinen Kindern hat (vgl. S. 104–108) weiß und fühlt, wie hier tatsächlich zwei Aspekte ein und derselben «Urerscheinung» Wärme im Spiele sind.

51 Hier liegt ein Unterschied zwischen der westlichen anthroposophischen und der östlichen Reinkarnationsvorstellung; die östliche enthält als einzige hoffnungsvolle Perspektive, daß sich die Seele durch Läuterung aus dem «ewigen Rad der Wiedergeburten» befreit und in das Nirvana eingeht. In der anthroposophischen Version kann der Wesenskern, indem er an sich selber arbeitet, nicht nur seine eigene Läuterung und Entwicklung fördern, sondern sich dabei auch für die Erde und die gesamte Menschheit nützlich machen (vgl. S. 83–89).

52 Wenn ich es recht verstehe, so bedeutet die Unterscheidung zwischen «allgemeinen» und «individuellen» Zielsetzungen des Wesenkernes ungefähr das gleiche, was Wachsmuth (1933) die «kosmischen» bzw. «psychologischen» Aspekte der Reinkarnation nennt.

53 In vieler Beziehung ist das, was ich einen «Extrakt» aus dem vorherge-

henden Leben (bzw. einen «Extrakt», der jetzt für das zukünftige Leben entsteht) nenne, mit dem Begriff «Karma» synonym.
Ein Unterschied liegt darin, daß Karma sprachgeschichtlich verwandt ist mit dem Stamm «Kr-», der auch in «kreativ» zu finden ist. «Karma» appelliert sozusagen an die Kreativität des Individuums, mit dem «Extrakt» sinnvoll umzugehen. Das Wort «Extrakt» mutet dem gegenüber etwas passiv an.
Ich umgehe in dieser Schrift das Wort «Karma» ganz bewußt; seine Umschreibung und Erklärung würde mehr anthroposophische Hintergrundinformation erfordern, als ich sie hier geben kann. Außerdem bin ich der Meinung, daß, um die Reinkarnationsidee zu einer Erfahrung werden zu lassen, erst einmal andere Begriffe, nämlich «Identität», «Biographie», «Erinnerung» usw. ihrem Inhalt und ihrer Bedeutung nach überprüft und umgestaltet werden müssen; dann erst kann der Begriff «Karma» richtig angewendet werden. Meine vorläufige Zurückhaltung, was dieses Wort angeht, entspricht damit der methodischen Forderung Feyerabends nach gesetzmäßiger Entwicklung einer Wissenschaft (vgl. S. 54f.).

54 In den nun im Haupttext folgenden Bemerkungen habe ich offizielle wissenschaftstheoretische Einsichten mit ganz besonders oder sogar ganz ausschließlich in der Anthroposophie lebenden Ideen und Gesichtspunkten verwoben. Eine dieser ganz spezifisch anthroposophischen Ideen hat zum Inhalt, daß in Zukunft nicht nur unsere Begriffe, sondern auch wir selber an Leib, Seele und Geist in steter Veränderung sein werden. Dadurch werden sich nicht alleine die Begriffe «Erfahrung» und «Erfahrungstatsache» verändern, sondern auch die Erfahrung selber und das, was wir aufgrund unserer Erfahrung als Gegebenheit ansehen. Diese Idee will ich im Haupttext nicht anführen, weil sie ohne ausführliche Erklärungen nicht sachgemäß dargestellt werden kann. Und diese Erklärungen kann und will ich hier nicht vornehmen. Vgl. Anm. 7,1.: Erfahrungen, die jetzt noch als «paranormal» gelten, werden in den kommenden Jahren mehr und mehr als normal angesehen werden.

55 Der Agnostizismus wurde von Steiner u. a. erörtert in seiner Vortragsreihe «Grenzen der Naturerkenntnis» (1920/1969, Gesamtausgabe Nr. 322). Eine Ausarbeitung dazu findet sich bei Verbrugh (1972/1974, S. 117–118).

56 «Die Notwendigkeit *abzuwarten* und eine große Anzahl kritischer Wahrnehmungen ... *zu negieren*, wird in unseren Methodologien so gut wie nie besprochen» (Feyerabend 1975, S. 152). «Wissenschaftlich Forschende denken so gut wie nie daran, daß eine neue, im Entstehen begriffene Wissenschaft wahrscheinlich nur mit Hilfe einer ebenfalls neuen Erkenntnistheorie beurteilt werden kann.» Statt dessen – so der

ungefähre Inhalt der folgenden Passage – konfrontieren sie sie direkt mit den bisherigen Kenntnissen und Einsichten und stimmen ein Triumphgeschrei darüber an, daß die Resultate der neuen Wissenschaft nicht mit den Tatsachen und allgemein anerkannten Prinzipien übereinstimmen.

In *Science in a Free Society* (1978, S. 14) heißt es: «Heute Aristoteles, morgen Helmholtz – das ist nicht nur unwahrscheinlich, das ist unmöglich!»

57 Einige ergänzende Bemerkungen:

a) In der modernen Wissenschaftstheorie gilt, daß Kommunikation und Begriffsübermittlung nur als aktive Prozesse verstanden werden können. Jemandem etwas mitteilen heißt also nicht auf die andere Person einen feststehenden Inhalt zu übertragen, sondern zu versuchen, in ihr einen eigenen innerlichen formenden Prozeß anzuregen. Siehe Geurts (1975/1978) und Verbrugh (1978, S. 52 bis 54).

b) Die Dynamik der Persönlichkeit als eines Ganzen, losgelöst von Begriffskommunikation und dergleichen, kommt in dem Wort «Zeitgestalt» gut zum Ausdruck; siehe auch S. 75 und Anm. 82.

c) Der lateinische Sprachgenius drückt etwas von dem mehr dynamischen Charakter aus, den die Worte damals hatten: das Wort «verbum» bedeutet sowohl «Wort» als auch «Zeitwort».

58 Ein bildhaftes, lebendiges Denken kann mit Hilfe der «Metamorphose» (der als fließend vorzustellenden Veränderung lebender Strukturen und Prozesse) und «Steigerung» (ein durch Goethe eingeführter Begriff, der ungefähr «Intensivierung», «Verstärkung» bedeutet) herbeigeführt werden. (Beide Begriffe kommen auf S. 102 zur Sprache. Vgl. auch S. 36f. über das «Ingeborg-Phänomen» und Anm. 32.)

Wenn wir die Entwicklung der Fähigkeit zum lebendigen und bildhaften Denken betrachten, ist es wichtig zu wissen, daß eben diese Fähigkeit der ursprünglichen Denk- und Bewußtseinsform des Kindes entspricht, – und daß sie durch eine entsprechende Erziehung, im entsprechenden Tempo, zu einem mehr begriffsmäßigen Denken metamorphosiert (!) werden muß.

Es ist in diesem Zusammenhang nützlich, sich an Anm. 18 zu erinnern: Ein Bildbewußtsein ist nicht etwas, das ausschließlich in die kindliche Entwicklungsphase gehört; auch für Erwachsene kann es nützlich sein, sich immer wieder einmal im Bildbewußtsein zu üben – jetzt allerdings bewußt – anstatt sich nur gradlinig nach immer höheren Abstraktionen abzuhetzen!

Zwei gute holländische Übersichten über Goethes naturwissenschaftliche Methode finden wir bei Romunde (1978) und Siepman van den Berg (1978); beide wurden in das Jahrbuch «Mikrokosmos» aufgenommen.

59 Eine Beschreibung der «Begriffsentwicklung» als ein «Instrument», mit

dem, aus der Wissenschaft heraus, neue Entwicklungen in der Gesellschaft in Gang gesetzt werden können, ist bei Verbrugh zu finden (1978, S. 154–157).
Ein gutes, aus der Anthroposophie entstandenes Beispiel ist der Begriff «Wochenwende». Er wurde im Herbst 1979 in Umlauf gebracht, um den statischen und diskontinuierlichen herkömmlichen Ausdruck «Wochenende» in einen mehr dynamischen, kontinuierlichen, rhythmischen Zeitbegriff umzuwandeln.

60 Ein klassisches Beispiel einer bahnbrechenden Erneuerung in der Wissenschaft, bei der der Forscher von vornherein wußte, was er suchte, sind die Erbgesetze von Mendel. Ein weiteres Beispiel ist das von Koch, der dank des Einflusses seines Lehrers Henle eine exakte Vorstellung von den Bakterien hatte, die dann mit Hilfe seiner Forschungen zu einer wirklichen Erfahrung werden konnten. (S. Verbrugh 1972/1974, S. 64 bzw. 61.)
So etwas scheint in Widerspruch zu stehen mit dem in der phänomenologisch-anthroposophischen Erkenntnislehre hoch bewerteten Streben nach unbefangenem Wahrnehmen und Denken. Dieser scheinbare Widerspruch kann gut durch den Hinweis auf eine bekannte Begriffsverwirrung aufgelöst werden, und zwar dadurch, daß diese zu einer Begriffsentwicklung umgewandelt wird: In den Seligpreisungen des Neuen Testaments wird ein Satz angeführt, der im griechischen «hagioi hoi ptoochoi en tooi nooi» lautet. Die übliche Übersetzung lautet: «Selig sind, die da geistlich arm sind.» Diese Aussage ist mir schon immer vollkommen sinnlos erschienen. Das griechische Wort «ptoochos» bedeutet wörtlich»Bettler»; ein Bettler ist zwar arm, aber das spielt im Zusammenhang mit der Seligpreisung nicht die entscheidende Rolle. Bei dem «Bettler» geht es darum, daß er geduldig, ganz und gar nicht aggressiv auf die Gaben wartet, die ihm geschenkt werden. Und in eben dieser Weise müssen auch wir uns – laut einer mich ansprechenden Exegese dieses Bibeltextes – angesichts unseres Verlangens nach geistigen Gaben verhalten: ganz offen, abwartend, in uns aktiv Raum schaffend für den Geist. Im Zusammenhang mit der Reinkarnation gilt es, eine aktive Unbefangenheit hinsichtlich der Offenbarung unseres Wesenskernes zu entwickeln – wohlwissend, daß ein solcher Kern vorhanden ist!

61 «Um handeln zu können, müssen wir zuerst einmal lokalisieren können.» So lautet der Beginn eines französischen Buches, in dem dargelegt wird, wie die Krankheitslehre tatsächlich erst dann einen Beitrag zur modernen praktischen Heilkunde liefern konnte, nachdem sie gelernt hatte, die Krankheit in dem Leib, in die Organe, Gewebe und Zellen hinein zu lokalisieren. Näheres darüber bei Verbrugh (1978, S. 96–100).
Mit dem Wort «lokalisieren» taucht sofort der Begriff «Raum» auf; ein

uferloses (!) Problem, über das ich in diesem Zusammenhang nicht mehr sagen will, als daß ich einige Autoren nenne, deren Umgang damit eine große Hilfe bedeuten kann, um in den kommenden Jahren daran weiterzuarbeiten: van Romunde (1971), Gebsers Analyse der vier Bewußtseinsstadien und besonders seine Beschreibung der «Entdeckung» des Raumes in der Renaissance in *Ursprung und Gegenwart* (1949–1953/1978); außerdem die Übersicht, die Ellen Huidekoper (1979) über die Entwicklung der Perspektive in der bildenden Kunst gibt, besonders der von ihr dort gebrauchte Begriff der «verstreuten Identität»; vgl. auch Anm. 69 und 70.

62 Das Problem der Beziehung zwischen Leib und Geist ist eins der ältesten Probleme der Philosophie – vielleicht sogar das älteste Problem der Menschheit überhaupt! Vor 2400 Jahren wurde es von Plato noch in poetischer Weise zum Ausdruck gebracht, indem er von einem schwarzen und einem weißen Pferd sprach, das den Menschen nach unten bzw. nach oben zieht. Zu Beginn der modernen Zeit formulierte Descartes es mit den Begriffen «res extensa» (das Ausgedehnte) und «res cogitans» (der Verstand) und im Andenken an den Schöpfer dieser Formulierungen sprechen wir noch heute von der «Cartesianischen Kluft» oder dem «cartesianischen Dualismus» zwischen Leib und Geist.
Die Anthroposophie will die monistische (monos = eins) Alternative realisieren und schließt damit an eine Tradition an, die mit Platos Schüler Aristoteles begonnen hat. In ihr erscheint der Mensch als eine Einheit, die sich fortwährend in einem dynamischen Wechselspiel zwischen Leib, Seele (die Mitte) und Geist offenbart. Die historische Wende, an welcher das dreigliedrige Menschenbild durch das heute gängige zweigliedrige «ersetzt» wurde, ist ein klassisches Thema in der Anthroposophie; siehe zum Beispiel Zeylmans (1959, S. 180–181).

63 Die Vorstellung von dem Allergrößten bzw. dem Allerkleinsten erweist sich gelegentlich als eine Art «Verbindungstür» zwischen der räumlichen und der nichträumlichen Welt. Diese Vorstellungen treten ziemlich häufig im Fieber auf («Seltsames trat Fieber auf ... etwas schrumpfte, wurde kleiner und kleiner, bis es kleiner als das kleinste Ding war. Dann schwoll es an, bis es größer war, als nur irgend etwas sein konnte.» – Laura Ingalls Wilder: *Little House on the Prairie*; 1935, Penguin Books, 1975, S. 126). Vgl. in diesem Zusammenhang die fast identische Beschreibung des Erlebnisses auf S. 28–30.
Aus dem anthroposophischen Menschenbild heraus könnten diese Erfahrungen vielleicht als Ausdruck der sich ausdehnenden Qualität des ätherischen «Gegenraumes» gesehen werden; eine Auseinandersetzung damit würde hier zu weit führen.

64 «Anamnese» ist wieder ein typisches Beispiel für ein Wort, das in verschiedenen Zusammenhängen verschiedene Bedeutung hat (hier aller-

dings jeweils in etwa ähnliche); vergl. Anm. 50. In der Heilkunde ist die «Anamnese» die von den Kranken selber berichtete Vorgeschichte der Erkrankung oder der Beschwerden, mit denen sie zum Arzt bzw. zur Ärztin gehen. In der Philosophie bezieht es sich auf die Lehre Platos, nach der der Mensch eine Erinnerung an die ewigen Ideen hat, die er vor seiner Inkarnation geschaut hat. In der Biologie geht es um die «anamnestische Reaktion», die im Haupttext näher beschrieben worden ist.

65 Nach Bachelard (Anm. 32) ist ein Denken in Analogien antiwissenschaftlich. Dank Feyerabends Bemerkungen (Anm. 56) können wir eine Haltung, die uns in dieser Weise das Denken in Analogien verbietet, als eine Äußerung der Ungeduld erkennen. Die Erschließung jedes neuen Bereiches der Wirklichkeit beginnt mit zögernden, tastenden, suchenden Denk- und Wahrnehmungsprozessen und in diesem ersten Stadium einer neuen Untersuchungsart können wir die Analogien nicht missen. Ohne Einsichten dieser Art wird die Wissenschaft zu einem einengenden Korsett statt zu einer Unterstützung.

66 Der Gedankengang ist Georg Blattmanns Buch *Die Sonne – Gestirn und Gottheit* entlehnt (Verlag Urachhaus, Stuttgart 1972).

67 In der Phänomenologie gibt es viele umfassende, in Zusammenhang mit unserem Thema wichtige Ideen von der Körperlichkeit. Sie stellen einen der zahlreichen Punkte dar, die für eine Wissenschaft von der Reinkarnation gründlich ausgearbeitet werden müssen.
Hierzu zwei Bemerkungen aus dem Alltagsleben:
a) Kleine Kinder erleben ihren Leib mehr oder weniger in fließendem Übergang oder in Wechselwirkung mit ihrer Umgebung. In der Schwangerschaft besteht sogar eine biologische «Symbiose» (wörtlich: Zusammenleben; etwas weiter gefaßt: ein in seinen Lebensprozessen als Einheit funktionierendes Ganzes) zwischen Mutter und Kind. Wichtig für meine Ausführung ist, daß einerseits vom allerersten Anfang der Schwangerschaft an – trotz aller Symbiose – von einer selbständigen Identität des Kindes gesprochen werden muß; daß andererseits sich auch die Anwesenheit des erwachsenen Menschen in seiner Leiblichkeit weiter erstreckt, als nur bis zu den Grenzen seiner Haut.
b) Um das eben Gesagte zu erleben, müssen wir unsere Leiblichkeit als einen dynamischen Prozeß, nicht als eine statische Gegebenheit erfahren (vgl. Anm. 58). Wem das schwierig erscheint und unverständlich vorkommt, dem empfehle ich, einige Sekunden den Atem anzuhalten. Sie werden dann selber merken, daß die leibliche Identität weiterreicht, als nur bis zur Körperbegrenzung!

68 Die Beziehung zwischen der Identität, der Identitätserfahrung und der Individualität einerseits und intaktem Bau und Funktion unseres Gehirnes andererseits ist Thema eines für uns hier bedeutungsvollen, klassischen Werkes von Kurt Goldstein: *Der Aufbau des Organismus –*

Einführung in die Biologie unter besonderer Berücksichtigung der Erfahrungen am kranken Menschen (Martinus Nijhoff, Den Haag 1934). Mehr als das bisher der Fall ist, müßte die Tatsache bewußt werden, daß unsere körperliche Identität durchaus nicht so kontinuierlich ist, wie es der Gedankengang im Text vielleicht suggerieren mag. Die Materie unseres Leibes steht in ständigem Austausch mit der Umwelt, und im Laufe einiger Jahre ist nichts mehr von den vorher vorhandenen materiellen Bestandteilen da. Offenbar bilden wir schon als biologischer Organismus – abgesehen von allen Ideen über Identität, Wesenskern und Reinkarnation – eine Art nicht-materieller Struktur aus, in die hinein die unseren Leib bildende Materie eingeordnet wird; ungefähr so, wie sich Eisenteilchen in einem (nicht-materiellen!) Magnetfeld ordnen.
Wenn wir die dynamische Struktur unserer biologischen Körperlichkeit im Bewußtsein haben, fällt der «Gedankensprung» von dieser nicht-materiellen, unseren biologischen Leib bestimmenden Struktur zu der Vorstellung von einer nicht-materiellen geistigen Struktur vielleicht nicht mehr ganz so schwer, wie es sonst gelegentlich zu sein scheint.

69 Es wäre lohnend, den Unterschied zwischen «Identität» und «Identitätserfahrung» herauszuarbeiten. Ich will mich auf die Vermutung beschränken, daß dieser Unterschied in sinnvoller Weise mit dem Ober- bzw. Unterpol des anthroposophischen dreigliedrigen Menschenbildes in Zusammenhang zu bringen ist.
Diese Vermutung hat den Vorteil, daß sie auf ein mögliches Mißverständnis aufmerksam macht, welches durch den Begriff «zentrale Identität» hervorgerufen werden könnte: nämlich daß es sich dabei um eine statische Gegebenheit handele.
Unsere Sprache ist nicht nur – wie in Anm. 46 schon beklagt – eine «Männersprache»; sie ist auch – und das steht zweifellos in engem Zusammenhang mit dem «maskulinen» Charakter – eine «Ding-» oder «Objektsprache». Sie ist keine Sprache, mit deren Hilfe bei anderen ohne weiteres Prozesse, Erlebnisse und dynamische Erfahrungen aufgerufen werden; keine Sprache, mit der andere leicht in Bewegung zu bringen sind. Gerade das möchte ich aber mit dieser Schrift erreichen!
Der Begriff «zentrale Identität» soll nicht den Eindruck erwecken, daß unser Leib gewissermaßen ein lokalisierbares Zentrum hätte, in dem diese Identität zu finden wäre. Sie ist viel mehr eine auf ein Zentrum ausgerichtete innerliche Bewußtseinsaktivität. Wenn es sprachlich nicht so unmöglich sein würde, würde «Zentrierungsidentität» besser ausdrücken, was ich hier meine.

70 Mit den folgenden Bemerkungen möchte ich die Richtung andeuten, die meines Erachtens die beste ist, um weiterzukommen:
a) Die Bedeutung des Begriffes «zentrale Identität» liegt meines Erachtens darin, daß er – im Zusammenhang mit der Reinkarnation – einen

Zugang schafft zu einer sich in die europäische wissenschaftliche Tradition einfügenden Reinkarnationsforschung. Diese formuliert nämlich Probleme und deren Lösungen in Begriffen, die einzelne, abgesonderte «Einheiten» darstellen, nicht in Prozessen, die im Flusse sind. Die moderne Biologie entstand zum Beispiel in dem Moment, als der Begriff der «Zelle» die verschwommene Vorstellung von der «ungeformten lebendigen Materie» ablöste. Die Vererbungslehre entstand, als die Begriffe «Gen» und «particulate inheritance» die Vorstellung von einer «blending inheritance» in die historischen Archive verwiesen.
Die Bakteriologie wurde durch den Sieg derjenigen Ansichtsweise geschaffen, die – bei der Überlegung, was zur Entstehung einer Infektionskrankheit führt – den Schwerpunkt auf «le grain» legte, im Gegensatz zu «le terrain»; vgl. Anm. 19.
In genau derselben Weise soll der Begriff «zentrale Identität» – so wie ich ihn hier umschrieben habe – konkrete Vorstellungen über die als eine Einheit an sich erfahrbare eigene Identität wachrufen, welche über mehrere Inkarnationen hin bestehen bleibt.
Wenn ich es recht begreife, dann ist diese Sichtweise in Übereinstimmung mit dem von Steiner gezogenen Vergleich zwischen den heutigen Vorstellungen darüber, wie eine menschliche individuelle Identität entsteht, und den bis in das 19. Jahrhundert wirksamen Vorstellungen der «generatio spontanea» (der «Urzeugung», d. h. der spontanen Entstehung eines lebendigen Wesens aus nicht-lebendiger Materie; s. Steiner 1903/1960). Steiners Schlußfolgerung lautet: Lebendige Wesen können nur aus vorher bestehenden gleichartigen lebendigen Wesen entstehen; das Leben stellt ein Naturreich für sich dar, das nur aus sich selber, «von innen heraus» instand gehalten werden kann, und zwar dadurch, daß es selber fortlaufend neues Leben hervorbringt. Ebenso bildet die menschliche individuelle Identität ein «Naturreich» eigener Art. Die Vorstellung, eine Individualität würde automatisch, sozusagen als ein «Nebenprodukt» neu entstehenden menschlich-biologischen Materials auftreten, ist eine primitive Annahme. Genauso primitiv wie die in früheren Zeiten herrschende Vorstellung von der Entstehung lebendiger Wesen als Ergebnis bestimmter Konstellationen der toten Materie, angeregt durch astrologische «Wirkungen» oder magische Zaubersprüche. (Um diesen Vergleich zu verstehen, ist die Einsicht nötig, daß der Mensch tatsächlich sein eigenes «Naturreich» darstellt. Sonst könnte das Mißverständnis auftreten, daß eine menschliche Identität «genauso» entstehen könne wie das biologische «Material», das ihr als Träger dient. Es wäre durchaus vorstellbar, daß die Mutter und der Vater eines neuen Individuums jeweils ein «Element» ihrer eigenen Identität zur Verfügung stellten, in der Weise, wie sie es ja auch mit der Ei- bzw. Samenzelle tun, und daß aus der «Fusion» dieser beiden «elterlichen

Identitätselemente» die neue Identität des Kindes entstände. Das wäre aber eine viel zu primitive Analogie zu der Eigenart und den Gesetzmäßigkeiten des Naturreiches «Leben».)

b) Die in a) aufgestellten Behauptungen könnten als all dem widersprechend erscheinen, was ich vorher dargelegt habe, um die Notwendigkeit zu vermitteln, daß wir lernen müssen, lebendig in Bildern, fließenden Übergängen usw. über Reinkarnation und Identität zu denken. Es wurde in Absatz a) ja auch nur die eine Seite beleuchtet. Tatsächlich geht es im Zusammenhang mit der Reinkarnation bei dem Begriff «Identität» um eine dynamische, zwischen zwei Polen (dem zentralen und dem peripheren) liegende Identitätserfahrung. Das Problem besteht nun darin, daß in unserer herrschenden Kultur für keinen der beiden Pole Anknüpfungspunkte zu finden sind. «Periphere Identität» – wahrscheinlich eine moderne Metamorphose von dem, was Ellen Huidekoper (1979, S. 39) die in der Umgebung «verstreute» Identität nennt – ruft vermutlich in erster Linie die Assoziation eines verschwommenen anonymen Kollektives auf. Der Begriff der «zentralen Identität» wird so stark mit unserer persönlichen Existenz verbunden (von der wir – wenn wir innerhalb der in dieser Kultur üblichen Gedankengänge bleiben – uns eigentlich nicht vorstellen können, daß etwas davon nach unserem Tode weiterbestehen wird), daß wir auch in diesem Fall kaum einen Anknüpfungspunkt für eine mit der Reinkarnation zusammenhängende Identität finden können.

Angesichts dieses Dilemmas fangen wir aus folgenden Gründen am besten bei der «zentralen» Seite an: Angenommen, meine Analyse des Reinkarnationsproblems und die Lösung, die ich mit diesem Text nahebringen möchte, seien richtig oder wenigstens gültig und relevant, dann wird es in Zukunft normal sein, daß die Biographie eines Menschen Ausdruck einer Phase des zu seiner Identität gehörenden Wesenskernes wird. Das zu begreifen ist ein schweres Stück Arbeit, welches jeder Mensch individuell leisten muß. Die Herausforderung zu dieser Arbeit wird er erleben und dieses Erlebnis in seine zentrale Identität aufnehmen müssen. Nicht umsonst wende ich mich mit diesem Text an Menschen, die jetzt in einer zentralen Identität auf Erden inkarniert sind. (D. h. nicht, daß eine Kommunikation mit nicht in irdischen Körperlichkeiten inkarnierten Individualitäten unmöglich sei; ich glaube fest daran, daß das möglich ist; da ich aber nahezu keine Vorstellung davon habe, wie das geschehen kann, lasse ich es im weiteren Verlauf außer acht.) Ich wende mich im besonderen an Menschen, deren jetzige Inkarnation sich in einem westlich-wissenschaftlichen, individualistischen Rahmen abspielt. Dieser Rahmen steht der zentralen Identität nun einmal am nächsten; deswegen liegt mein Nachdruck zunächst auf der zentralen Identität. Erst wenn dieser Begriff zu einem sicheren Haltepunkt für die Erfahrung der Identität geworden ist, kann – meines Erachtens – auch die periphere Identität «handhabbar» gemacht werden.

Zusammenfassung: Die Erweiterung und Umwandlung der Reinkarnationsidee zu einer Erfahrung wird am ehesten dann ihren richtigen Lauf nehmen, wenn wir zuerst einmal an der gängigen «atomistischen», «korpuskulären» Denkweise anknüpfen.

c) Die Ausführungen von b) beinhalten die Erklärung für die in der Philosophie wohlbekannten Idee, daß wir nach dem Tod in unseren Nachkommen weiterleben (Sartre u. a.). Die Rede vom «Weiterleben» ist hier allerdings tröstlich gemeinte Bildsprache, ohne Äquivalent in der Erfahrung. Meine Absicht ist es aber, diese Bildsprache so weiterzuentwickeln, daß sie zu einer wirklichen Erfahrung führen kann (vgl. Anm. 65).

71 Das Besondere an Stevensons Werk ist, daß es das einzige (wenigstens das einzige mir bekannte) Werk darstellt, das in unverfälschter Weise «parapsychologisch» ist (zu den Anführungszeichen vgl. Anm. 7) und von einer so eindeutig anerkannten wissenschaftlichen Zeitschrift wie dem «Journal of Nervous and Mental Disease» zur Veröffentlichung angenommen wurde. Vgl. auch den Kommentar von Brody (J. Nerv Ment. Dis. 165,151) zu der Veröffentlichung von Stevenson (1977b).

72 Ich mache in diesem Buch keinen Unterschied zwischen den Begriffen «Erinnerung» und «Gedächtnis». F. C. Terborgh weist in einem kurzen Essay sowohl auf die Verwandtschaft als auch auf den Unterschied beider Begriffe hin (Gesammelte Werke, Teil 4, Amsterdam 1977, S. 187–192). H. Buurman hat in «Maatstaf» vom Dezember 1971 (19. Jahrgang, S. 485–490) einen Artikel über den Reinkarnationsgedanken bei Terborgh veröffentlicht. Ihm war beim Lesen wiederholt der Gedanke an Reinkarnation aufgetaucht, obwohl er das Wort nirgendwo bei Terborgh finden konnte. Interessanterweise findet es sich nun tatsächlich am Ende des genannten, mit «1971–72» datierten Essays.

73 Die Beschreibung ist im ersten Buch des Romanwerkes *A la Recherche du Temps Perdu* (Auf der Suche nach der verlorenen Zeit) zu finden: am Ende des ersten Kapitels (*Combray*) im Abschnitt *Du Côté de chez Swann*.

74 Die dreigliedrige Struktur der Erinnerung wird gut beschrieben bei Lievegoed (1946/68, S. 170ff.).

75 Den Unterschied zwischen dem bewußten Bilderinnern und der unbewußten Verhaltenserinnerung finden wir auch bei Stevenson (1977a, S. 324): «... reine Verhaltenserinnerungen von einem vorangegangenen Leben, die nicht mit Erinnerungsbildern verbunden sind.»

76 Wesentliche Ideen und Einsichten über das Vergessen sind in einem Vortragszyklus zu finden, den Steiner 1919 anläßlich der Eröffnung der

ersten Waldorfschule in Stuttgart gehalten hat (*Allgemeine Menschenkunde als Grundlage der Pädagogik*, 1919/60).
Das Motiv kommt auch in Märchen häufig vor (die übrigens einen ausgezeichneten Zugang zu der Erkenntnisdimension verschaffen, welche auch das Tor zum Geheimnis der Reinkarnation darstellt. Einmal wird sogar eine Anspielung auf die Reinkarnation gemacht: «Sie begegneten sich in einem Tal, erkannten sich aber nicht ...» (*Die Nixe im Teich*, Grimms Märchen).

77 Die Idee der Reinkarnation als Tier, die in anderen Kulturen vorkommt, ist in der Anthroposophie nicht bekannt. Ich lasse sie hier außer acht. In seiner Autobiographie *Das wiedergefundene Licht* schreibt Jacques Lusseyran, ein ganz außergewöhnlicher Vertreter der Anthroposophie in Frankreich: «Die Lehren dieses erstaunlichen Mannes (Rudolf Steiner) – jedenfalls diejenigen, mit denen ich mich damals schon befassen konnte – weckten in mir ein Gefühl, das ich bis dahin noch nicht gekannt hatte: dasjenige der Evidenz, einer vorher nicht gekannten Sicherheit. Vor allem der Zyklus über die aufeinanderfolgenden Inkarnationen schenkte mir eine große innere Ruhe. Diese Ruhe empfinde ich heute noch. Aufgrund dieser Einsicht fällt ein anderes, ein milderes Licht auf die anstoßerregende Existenz irdischer Ungerechtigkeit, auf das unverdiente Leiden. Das Maß unseres Unglücks hängt von nun an einzig und allein von unserer eigenen Verantwortung ab: unsere Unruhe und Verzweiflung werden von nun an alleine durch unsere Unwissenheit bestimmt. Wir müssen für unsere Fehler der Vergangenheit bezahlen; für die Schuld von heute werden wir zur Rechenschaft gezogen; wir können sie in künftigen Leben tilgen. Absurd und willkürlich ist nur unser äußerliches, scheinbares Bestehen. Unser innerliches, wahres Geschick kennt nur Gleichgewicht und Kompensation. So sind wir zum Teil selber die Meister unseres Lebensabenteuers. Wir sind nicht – wie viele Religionen uns lehren – schuldig durch unser Sein, dadurch, daß wir geboren werden und sterben, sondern ausschließlich dadurch, daß wir uns vollständig der materiellen Welt übergeben, daß wir uns selber vergessen. Und schließlich wird mit dieser Sichtweise die Ewigkeit nicht in unerklärlicher Weise in die Zukunft projiziert; sie durchdringt unser ganzes Leben, unser zur gleichen Zeit armseliges und doch so wesentliches Dasein.»

78 Vgl. Anm. 22 im Zusammenhang mit den sogenannten geborenen Verbrechern.

79 Eine Besonderheit der anthroposophischen Lehre von der Gesellschaft ist hier von großer Bedeutung. Die Gesellschaft wird dreigliedrig strukturiert gesehen: das Geistesleben (z. B. Unterricht, Erziehung, Wissenschaft, Kunst usw.), das ökonomische Produktionsleben (Landwirtschaft, Industrie, Dienstleistungssektor usw.) und zwischen diesen

beiden das soziale Rechtsleben. Das letztere ist dazu da, um die ihrem Wesen nach widersprüchlichen Interessen der beiden anderen Glieder zu harmonisieren. Das Strafrecht gehört nicht in das mittlere Gebiet des Rechtslebens, sondern stellt einen Unterabschnitt des Geisteslebens dar; eine Sichtweise, die das hier vorliegende Problem in ein völlig anderes Licht stellt, als es die mehr traditionelle gesellschaftliche Auffassung in der Regel tut.

80 Das Menschenbild, das aus diesen Worten spricht, liegt auch dem anthroposophischen Umgang mit den sogenannten geistig behinderten Menschen zugrunde; sogenannt, weil, gemäß dem anthroposophischen Menschenbild, gerade der Geist dieser Menschen das einzige ist, das nicht gestört ist. Gestört ist die Entwicklung der irdischen Körperlichkeit, so daß der (intakte) Geist sich nicht adäquat ausdrücken kann.
Die anthroposophische Heilpädagogik – so wird die Gesamtheit der theoretischen und praktischen medizinisch-pädagogischen Aktivitäten genannt – stellt eines der vielen im Zusammenhang mit Reinkarnation wichtigen Themen dar, die ich hier nur streifen kann.

81 Vor einigen Jahren, während der Zugbesetzung durch die Molukker, hat einer der führenden molukkischen Männer etwas gesagt, was mir sehr zu denken gegeben hat. Er sagte, als Reaktion auf die Bemühungen der holländischen Regierung, sie von der Sinnlosigkeit ihrer Aktion zu überzeugen, daß niemand ihm und den Seinen den Glauben nehmen könne, daß sie vielleicht in einigen Hunderten oder sogar Tausenden von Jahren ihr Ziel erreichen würden.
Eine solche Aussage kann uns etwas über einen Gemeinschaftssinn lehren, der weit über das jetzige Leben hinausreicht; auch über die Realität einer zeitlichen Dimension, die sich unserem konkreten Vorstellungsvermögen entzieht. Auch Jean Gebser (1968/77) weist auf derartige Dimensionen hin und ich bin der Ansicht, daß diese «Schule» für uns westliche Menschen in mancher Hinsicht – nicht in jeder, ich will bestimmt nicht für asiatische Heilslehren plädieren – noch nützlich sein kann.

82 Zur Vermeidung von Mißverständnissen sei erwähnt, daß nicht nur der Mensch, sondern alle lebenden Wesen eine «Zeitgestalt» haben. Diejenige des Menschen hat aber als einzige einen individuellen Charakter und kann losgelöst von räumlicher Gestalt und Entwicklung gesehen werden. Der Begriff «Zeitgestalt» ist gut beschrieben in dem Aufsatz von Gunther Hildebrandt: *Rhythmical Functional Order and Man's Emancipation from the Time Factor* (in: Basis of an Individual Physiology; hrsg. durch K. E. Schaefer und andere, Futura Publishing Company, Mount Kisco/New York 1979).

83 Ich will hier einige Bücher nennen, die sich mit der Biographie befassen: B. C. J. Lievegoed: *Lebenskrisen – Lebenschancen;* Rotterdam 1976,

dtsch. Ausg. München 1979. Diether Lauenstein: *Der Lebenslauf und seine Gesetze;* Verlag Urachhaus, Stuttgart 1974; Herbert Hahn: *Der Lebenslauf als Kunstwerk – Rhythmen, Leitmotive, Gesetze in gegenübergestellten Biographien*; Verlag Freies Geistesleben, Stuttgart 1966; K. E. Schaefer u. a. (Hrsg.): *Individuation Process and Biographical Aspects of Disease*; Futura Publishing Company, Mount Kisco/New York 1979.

Außerdem weise ich auf die 22 biographischen Interviews hin, die in der Zeit vom Oktober 1973 bis Mai 1975 in der medizinischen Zeitschrift «Geneeskundige Gids» erschienen sind.

84 Hier eine kurze Erklärung: «... ist in vielen Fällen ... zu erkennen» unterstellt, daß in gewissen Fällen diese Möglichkeit nicht besteht. Innerlich bin ich mir irgendwie doch ganz sicher, daß die erwähnten Gesetzmäßigkeiten im Prinzip in allen Lebensläufen zu finden sind; nur gelingt es uns bis heute, 1982, noch nicht immer. Es ist ähnlich wie mit den Bakterien und den Infektionskrankheiten. Als am Ende des vorigen Jahrhunderts bei einer Infektionskrankheit nach der anderen (Milzbrand, Cholera, Tuberkulose usw.) Bakterien als Erreger nachgewiesen wurden, wurde auch ganz schnell deutlich, daß hier gesetzmäßige Zusammenhänge vorliegen. Um 1890 wurde dann – mit Recht – gedacht: wenn wir nur gründlich danach forschen, werden wir auch bei den Krankheiten, die zwar offensichtlich (ansteckende) Infektionskrankheiten sind, bei denen wir aber noch keine Mikroorganismen nachweisen konnten, Mikroorganismen finden. Tatsächlich fand die Mikrobiologie in den darauffolgenden Jahren einen gesetzmäßigen Zusammenhang zwischen dem infektiösen Charakter einer Krankheit und der Anwesenheit von Mikroorganismen als Erregern (s. Verbrugh, 1978, S. 140–141).

Ich bin der Meinung, daß wir in Zukunft auch zwischen dem Lebenslauf eines Menschen und dem Ausdruck des Lebensentwurfs eines Wesenskerns einen gesetzmäßigen Zusammenhang finden bzw. herstellen werden. Ich erwähne das nur in den Anmerkungen, weil ich diese Vermutung noch nicht beweisen kann.

So stellt sich mir das Problem begriffsmäßig, erkenntnistheoretisch-technisch dar (über «technische» Analysen und das Erkennen und Formulieren einer Gesetzmäßigkeit s. Verbrugh, 1978, S. 67–74). Das folgende Zitat von A. Roland Holst (*In der vergangenen Zeit,* Amsterdam 1975) vermittelt mit Hilfe eines schönen Bildes auf einer mehr intuitiven als gedanklich durchsichtigen Ebene (die diejenige des Haupttextes ist) einen Eindruck von dem, was ich hier meine: «Es (das Gespräch mit seiner Tante, Henriette Roland Holst-van der Schalk) bezog sich auf die historisch-materialistische Auffassung, daß die Kultur aus den sozialen Produktionsverhältnissen hervorgeht. Ich brachte dann vor, daß ein

Baum tatsächlich und durch unsere Sinne wahrnehmbar aus Irdischem zusammengesetzt ist, in irdischem Boden wurzelt; daß derselbe Baum aber ebenso wirklich – jetzt nur nicht mehr wahrnehmbar für unsere Sinne – sich aus Sonnenlicht und Regen bildet. Tante Jet war eine gute Verliererin und sagte verwundert: ‹Da hast du ja vollkommen recht, Junge!› Ich lachte und sagte: ‹Tante, daß du das erst jetzt einsiehst, das kommt daher, daß du zuviel gelesen und zu wenig hingeschaut hast.›»

85 Die in Klammern gesetzte Aussage ist noch nicht deutlich und präzise genug. Vielleicht geht aus einer mehr schematischen Darstellung besser hervor, warum ich die dritte Möglichkeit ausschließe:

Die Idee, unser Lebensplan stamme ausschließlich aus dem Vorgeburtlichen, wäre also durch dieses ganz und gar bestimmt, stellt eine Art «anthropomorphe» (an die menschlichen Dimensionen angepaßte) Version der göttlichen Prädestination dar. Ich erlebe mich aber – im Gegensatz dazu – bis zu einem bestimmten Grade als frei. (Zur Analyse des Begriffes und der Erfahrung der Freiheit vgl. Steiner: *Die Philosophie der Freiheit*).

Noch ein anderer Gesichtspunkt: Ganz allgemein können zwei extreme Positionen unterschieden werden hinsichtlich der Beziehung, die zwischen «etwas» und unserer Erkenntnis von diesem «etwas» besteht. Die eine läßt mich persönlich ganz frei: z. B. die Tatsache, daß die Maße des Papieres, auf dem dieses Buch gedruckt ist, 13 × 20 cm betragen. Das ist so und daran ändert sich nichts, ob ich es nun weiß oder nicht. Ein Beispiel, das in die Richtung des anderen Extrems geht, besteht aus meiner Kenntnis vom Unterschied zwischen Mann und Frau, von der Stellung, die dieser Unterschied in unserer Kultur innehat und von der Tatsache, daß ich selber ein Mann bin. Diese Tatsachen hängen auf das engste mit mir zusammen. Mein Leben würde ganz anders verlaufen, wenn ich davon nichts wüßte.

Mein Wissen von meinem eigenen Lebensentwurf liegt nun in einzigartiger Weise irgendwo zwischen diesen beiden Extremen (aber nicht lebenslang auf demselben Platz!); das bedeutet, daß für mich die im Haupttext angeführte zweite Möglichkeit eine Realität ist. Ein wichtiger Aspekt dieser dynamischen Version des Lebensentwurfes liegt darin, daß sie zur Lösung eines Problems beiträgt, das seit Menschengedenken die Philosophie und seit ziemlich kurzer Zeit auch die Parapsychologie beschäftigt: Das Problem der sich erfüllenden Voraussagen in bezug auf das, was mit Menschen geschieht. Wenn jemand im Traum oder auf andere Weise ein Bild von dem erhält, was ihm selber oder anderen in Zukunft geschehen wird, und dieses Bild wird tatsächlich zur Realität, dann ist es schwierig, nicht daraus zu schließen, dieses Stückchen Zukunft sei «prädestiniert» gewesen. Was fangen wir nun mit der Erfahrung unserer Freiheit an? Diese beklemmende Frage wird

durch den hier entwickelten Begriff des Lebensentwurfes in dem Sinne aufgelöst, daß wir uns doch vorstellen können, daß jemand etwas von seinem eigenen oder dem Vorsatz anderer Menschen, dieses oder jenes zu tun (um den Begriff «Lebensentwurf» etwas vereinfacht zu beschreiben) erfährt (telepathisch z. B.). Das bringt natürlich wieder neue Probleme mit sich. Diese sind aber wesentlich einfacher zu handhaben als diejenigen, die mit «Prädestination» zusammenhängen.
Daß dieser Vorsatz dann später ausgeführt wird, ist philosophisch und parapsychologisch genauso einfach zu erklären, wie die Tatsache, daß Sie als Leser den Vorsatz ausgeführt haben, diese Anmerkung zu lesen.
Bei der Deutung von Erscheinungen, die nicht auf dem Wege des gewöhnlichen Bewußtseins an uns herantreten, stellt übrigens ganz allgemein das Erlebnis der Zeit, das Erlebnis der qualitativen und besonders der quantitativen Aspekte der Zeitdauer ein Problem dar. Auch Frieling (1974/77) weist darauf hin; allerdings in anderem Zusammenhang. Es ist eine häufig zu beobachtende Eigenart des in die Zukunft gerichteten «prophetischen Blickes», daß er das Zukünftige in «verkürzter Perspektive» sieht; das spricht gar nicht gegen die Wahrheit des Prophezeiten. Aber der Lauf der Geschehnisse stellt sich später als viel komplizierter, zusammengesetzter und langwieriger heraus, als aufgrund des geschauten Bildes, in dem langdauernde Entwicklungen sich in gedrängter Form darstellen, angenommen werden kann.

86 Margaret Mead: *Culture and Commitment – A study of the Generation Gap* (The Bodley Head, London 1970; Panther Books, 1972). Einer der vielen radikalen und viel zu wenig durchdachten Konsequenzen dieser Vorstellung ist die, daß wir nicht mehr selbstverständlich davon ausgehen können, daß die Kinder das, was sie in unserer Welt antreffen, als normal ansehen dürfen. Die Kinder tun das – selbstverständlich; wie sollten sie sonst lernen, sich in diesem irdischen Leben zu orientieren? Das gelingt nur auf der Basis des grundlegenden Vertrauens darauf, daß die Wirklichkeit prinzipiell mit dem übereinstimmt, was an Informationen über sie durch die Sinne und den Verstand übermittelt wird.
Es gibt nur einen Ausweg aus dem Dilemma, daß einerseits die Kinder nur durch uns die Welt kennenlernen können und andererseits unsere Lehren prinzipiell unzureichend, ja falsch für sie sind: *wir* müssen anfangen, von unseren Kindern zu lernen.

87 Die Formulierung «kommen muß und kommen wird» weist hin auf den Zusammenhang zwischen unserer Erkenntnis von «etwas» und diesem «etwas» selber (wie in Anm. 85 angedeutet). Anders gesagt: ich nehme an und behaupte, daß eine große und zunehmende Anzahl jetzt lebender Menschen ihrem Lebensentwurf den Vorsatz eingeprägt haben, der eigenen Biographie eine Gestalt zu geben, und zwar so, daß sie Ausdruck dieses Lebensentwurfes wird (oder anderen dabei zu helfen). In

meinem Buch *Medizin auf totem Gleis* (1972/74) habe ich einige der Hintergründe dafür aufgezeigt.

88 Der Vergleich zwischen der Biographielehre und der Gesundheitspflege geht insofern noch weiter, als in Zukunft das Recht eines jeden Menschen auf einen Lebenslauf, so wie er oben umrissen wurde, regulärer Bestandteil der Gesundheitspflege werden muß und werden wird.

89 Dieses Kapitel möchte ich wegen seines persönlichen Charakters nicht durch Anmerkungen unterbrechen. Aus diesem Grunde wurden alle Hinweise in der Anm. 90 zusammengefaßt.

90 Die Quellen, Literaturangaben und andere Randbemerkungen zu diesem Kapitel sind folgende:
Zu S. 109: Die Entdeckung der Himmelsmechanik, der Dynamik der Himmelsbewegung, wird durch E. J. Dijksterhuis charakterisiert als «ein Fund ..., der erst auf Kosten ganz großer Geistesanstrengung gemacht werden konnte; ein Höhepunkt in der Geschichte des Denkens ... Was früher entweder unversöhnliche Gegensätze zu sein schienen ... oder mit anderen Bewegungen in keinem Punkt zu vergleichen war ..., schien jetzt Auswirkung einer einzigen Naturkraft zu sein, die einem universellen Gesetze folgt». (*Die Mechanisierung des Weltbildes;* Springer-Verlag, Berlin 1956.) Ohne auch nur einen Augenblick daran zu zweifeln, daß das Werk von Newton, Kepler und anderen Erforschern der Himmelsbewegung einen Höhepunkt in der Geschichte des Denkens darstellt, möchte ich doch auf einen Gesichtspunkt hinweisen, von dem aus diese mechanisch vorgestellten Gesetzmäßigkeiten sehr einseitig sind. Ernst Lehrs bespricht das in dem Buch *Mensch und Materie – ein Beitrag zur Erweiterung der Naturerkenntnis nach der Methode Goethes* (Vittorio Klostermann Verlag, Frankfurt am Main 1966). Er beschreibt, wie jahrhundertelang die Vorstellung existiert hat, daß die Natur Ausdruck eines Gleichgewichts zwischen zwei Kräften sei: der zum Mittelpunkt der Erde gerichteten Schwerkraft (Gravitation) und der aus der Peripherie heraus gegensinnig wirkenden «Leichtekraft» (Levitation). Diese «Leichtekraft» ist nach Lehrs durch die von 1657 bis 1667 in Florenz wirkende «Academia del Cimento» («Akademie des Experiments») aus unserer Kultur verschwunden. Rudolf Steiner berichtet von dieser Akademie und dem ungeheuren Einfluß, den sie auf das naturwissenschaftliche Denken ausgeübt hat, in seinem zweiten naturwissenschaftlichen Kurs (*Geisteswissenschaftliche Impulse zur Entwicklung der Physik – Die Wärme auf der Grenze positiver und negativer Materialität*, 1.–14. März 1920; Rudolf-Steiner-Verlag, Dornach 1972, GA-Nr. 321). Es ist äußerst interessant, daß diese Akademie nur eine einzige Veröffentlichung gemacht hat (die *Saggi di naturali esperienze*, veröffentlicht 1667); W. E. Knowles Middleton hat eine englische Übersetzung (*The Experimenters – A Study of the Acade-*

mia del Cimento; The John Hopkins Press, Baltimore and London 1971) mit ausführlichem Kommentar versehen und in der Einleitung sein Erstaunen darüber ausgedrückt, daß über diese Akademie und ihre Schrift so gut wie nichts veröffentlicht worden ist, auch nicht durch italienische Wissenschaftstheoretiker.

Diese Hinweise sind mir wichtig, weil in der Levitation die historischen Wurzeln dessen liegen, was in der Anthroposophie «die Ätherwelt» genannt wird; und ohne ein ausreichendes Verständnis von dieser Ätherwelt können wir mit dem Thema des hier vorliegenden Buches nicht wirklich weiterkommen.

Zu S. 107: Goethe sagt wörtlich: «Wär nicht das Auge sonnenhaft, die Sonne könnt' es nie erblicken» (Zahme Xenien 3). Ich bin mir übrigens durchaus bewußt, daß die ganze Auseinandersetzung mit dem Problem vielleicht etwas abstrakt und kopflastig wirkt. Diejenigen, für die das der Fall ist, mögen bedenken, daß nur wenige Aktivitäten, die wir als Menschen verrichten können, so konkrete und so große Willenskraft erfordern wie gerade die Entwicklung eines neuen Sinns; und daß das Gehirn dabei seine Wachsamkeit keinen Augenblick verlieren darf; denn die Gefahr des unfruchtbaren Phantasierens ist in Bereichen, für die wir noch keine Wahrnehmungsorgane entwickelt haben, ganz besonders groß.

Weiterhin ist zu bedenken, daß das Erkennen von etwas Neuem niemals mit Erfahrungen begonnen werden kann; das Neue muß erst einmal als Idee geschaffen werden. «Erfahrung» – jedenfalls «bewußte Erfahrung», und die ist hier gemeint – heißt, daß wir die Wahrnehmungsinhalte in unseren schon vorhandenen Denkrahmen und in unsere schon vorhandene Denkrichtung einordnen. Die Inhalte werden demzufolge gewissermaßen «wiedererkannt». Gleichzeitig können Erfahrungsinhalte aber nur unter der Bedingung aufgenommen werden, daß sie zu früher aufgenommenen Inhalten in einer Beziehung stehen. Etwas Neues erkennnen lernen, ohne Bezug nehmen zu können auf vorhergegangene Erfahrungen, ist erst dann möglich, wenn unser Denken einen Rahmen geschaffen hat, in den der neue Inhalt hineinpaßt. Nur in unserem Denken sind wir wirklich frei, neue Erfahrungen vorzubereiten!

Zu S. 106: Portmanns Ideen sind unter anderem zu finden in: *Zoologie und das neue Bild des Menschen*, Benno Schwabe und Co., Basel 1951.

Zu S. 99: Vgl. die Bemerkungen Lievegoeds zu dem Doppelgänger in *Lebenskrisen – Lebenschancen.*

Zu S. 99ff.: Es ist wohl deutlich geworden, daß die hier erwähnte Auseinandersetzung große Konsequenzen hat für die Art und Weise, mit der wir neue Menschen auf die Erde kommen lassen: für die Sexualität, die Empfängnisverhütung, die künstliche Besamung, die genetische Manipulation, die Reagenzglasbabys, die vorgeburtliche Diagnostik

und ähnliches. Auch nicht ganz so kontrovers diskutierte Themen wie die der Schwangerschaftsbegleitung, der Organisation der Geburt (zu Hause oder im Krankenhaus, spontan oder künstlich eingeleitet usw.), der Beziehung zwischen Mutter und Kind in der ersten Zeit nach der Entbindung usw. sind in diesem Zusammenhang von Bedeutung. Weil es sehr schwierig ist, darüber mehr als nur ein paar einfache und triviale Bemerkungen zu machen, auf die im übrigen der Leser selbst kommen kann, kann ich vorläufig nicht näher auf diese Konsequenzen eingehen.
Zu S. 83 ff.: Auch unter den Ethikern besteht seit kurzer Zeit ein professionelles Interesse für die Problematik, die mit unserer Verantwortlichkeit hinsichtlich zukünftiger Generationen zusammenhängt. Siehe z. B. die Rede von G. A. van der Wal, die er bei seinem Amtsantritt als Professor der Philosophie (Spezialgebiet Ethik und Rechtsphilosophie) an der Erasmus-Universität in Rotterdam gehalten hat. (22. November 1979: *De zorg voor lateren – van later zorg?* – Die Sorge um die später Kommenden – eine Sorge für später einmal?)
Im übrigen schließt meine Vorstellung von «Fortschritt» an die in der Anthroposophie und auch in verschiedenen anderen lebensanschaulichen und philosophischen Systemen bestehende Vorstellung an, daß die Schöpfung noch nicht vollendet sei; daß der Mensch, der in der Vergangenheit noch in großem Maße durch höhere Mächte behütet und begleitet wurde, nach und nach immer mehr selber und immer bewußter sich dahingehend ausrichten muß, daß er die Schöpfung vollenden hilft; daß er immer mehr lernen muß, das Vorhandene, das Gewordene als eine Basis zu gebrauchen, auf der er selber dem Neuen, dem Werdenden Gestalt gibt.

Literaturangaben

Es folgen hier, alphabetisch nach Autoren geordnet, Bücher und Artikel, die ich im Hinblick auf das Thema dieser Schrift für besonders bedeutungsvoll halte.
Wenn bei einer Publikation zwei Jahreszahlen vermerkt sind, gibt die erste Zahl das Jahr des ursprünglichen Erscheinens an (bei Vorträgen von Steiner das Jahr, in dem der betreffende Vortrag gehalten wurde). Die zweite Zahl entspricht dem Jahr, in dem die von mir hier verwendete und zitierte Ausgabe erschienen ist; ggf. dem Jahr, in dem die Übersetzung erschienen ist, auf die ich mich jeweils beziehe.
Weil die alphabetische Aufzählung verschleiert, daß die hier angeführte Literatur in bezug auf Inhalt und Tendenz äußerst heterogen ist, habe ich jeder Publikation einige Worte über ihre Bedeutung für unser Thema beigefügt.

Bellow, Saul (1973/1976): *Humboldt's Gift.* Avon Books.
Ein moderner, echt amerikanischer Roman, von einem Nobelpreisträger für Literatur, worin Steiner und seine Ideen über Reinkarnation auf eine Weise figurieren, die in der anthroposophischen Welt positiv gesehen wird.

Bock, Emil (1932): *Wiederholte Erdenleben – Die Wiederverkörperungsidee in der Deutschen Geistesgeschichte.* Verlag Urachhaus, Stuttgart.
«Unterströmung» (vgl. S. 9) in bezug auf das Reinkarnationsmotiv in der deutschen Geschichte.

Feyerabend, Paul (1975/1977): *Against Method – Outline of an anarchistic theory of knowledge.* New Left Books, London; dtsch. Ausg.: *Wider den Methodenzwang – Entwurf einer anarchistischen Erkenntnistheorie.* Suhrkamp-Verlag, Frankfurt am Main 1976.
– (1978): *Science in a free society.* New Left Books, London.
Zwei Bücher eines modernen Wissenschaftstheoretikers, der verschiedene Gedanken vorträgt, die für meine Auseinandersetzung mit dem Reinkarnationsproblem von Bedeutung sind.

Frieling, Rudolf (1974/1977): *Christentum und Wiederverkörperung.* Verlag Urachhaus, Stuttgart.

Standardwerk eines Geistlichen der Christengemeinschaft über die Beziehung zwischen christlicher Lehre und Reinkarnation in Vergangenheit, Gegenwart und Zukunft.

Gebser, Jean (1943/1975): *Abendländische Wandlung – Abriß der Ergebnisse moderner Forschung in Physik, Biologie und Psychologie. Ihre Bedeutung für Gegenwart und Zukunft.* Gesamtausgabe, Novalis Verlag, Schaffhausen, Band I.

Eine äußerst wichtige Übersicht über die Wissenschaftsentwicklung seit etwa 1900 und ihre Hintergründe. Der Autor beruft sich nirgends auf Steiner und die Anthroposophie, sein Denken weist jedoch eine gewisse Verwandschaft zu ihnen auf.

– (1940–1953/1978): *Ursprung und Gegenwart. Erster Teil: Die Fundamente der aperspektivischen Welt – Beitrag zu einer Geschichte der Bewußtwerdung. Zweiter Teil: Die Manifestationen der aperspektivischen Welt – Versuch einer Konkretion des Geistigen.* Gesamtausgabe, Novalis Verlag, Schaffhausen.

Eine «Geistesgeschichte» der Menschheit, der mancherlei Berührungspunkte mit Gedankengängen der Anthroposophie aufweist.

– (1968/1977): *Asien lächelt anders – Ein Beitrag zum Verständnis östlicher Wesensart.* Gesamtausgabe, Novalis Verlag, Schaffhausen, Band VI.

Vor allem wichtig in bezug auf die hervorragende Rolle, die das Reinkarnationsmotiv in asiastischen und anderen exotischen Kulturen spielt.

Geurts, J. P. M. (1974/1978): *Feit en Theorie – Kernproblemen in de wetenschapsleer.* Van Gorcum, Assen.

Ursprünglich holländisches Werk über Wissenschaftstheorie, dem ich besonders die Gedanken über Begriffsentwicklung (vgl. S. 56 und Anm. 50) sowie über die Erkenntnis und Formulierung von Gesetzmäßigkeiten (Anm. 84) entlehnt habe.

Ginkel van, H. J. (1917): *Leeft men meer dan eenmaal op aarde? Eene bijdrage tot toelichting van het reïncarnatieprobleem.* De N. V. Theosofische Uitgeversmaatschappij te Amsterdam.

Übersicht über das Thema aus theosophischer Perspektive, vgl. Anm. 9.

Hahn, Herbert (1966): *Der Lebenslauf als Kunstwerk – Rhythmen, Leitmotive, Gesetze in gegenübergestellten Biographien.* Verlag Freies Geistesleben, Stuttgart.

Eine Studie über die Biographie von einem der Mitbegründer anthroposophischer Pädagogik (vgl. Anm. 83).

Head, Joseph und Cranston, S. L. (Hg.) (1961/1970): *Reincarnation – An East-West Anthology. Including quotations from the world's religions and from 400 western thinkers.* The Theosophical Publishing House, Wheaton, III, USA, 1. Aufl. Julian Press, Inc.; 2. Aufl. Quest Book Ed.; 1979 stark überarbeitete Neuaufl. bei Warner Books, New York, unter dem Titel *Reincarnation – the Phoenix Fire Mystery. An East-West Dialogue on Death and Rebirth from the Worlds of Religion, Science, Psychology, Philosophy, Art and Literature and from Great Thinkers of the Past and the Present.*

Gibt einen Überblick darüber, wie einige Hunderte bekannter geschichtlicher Persönlichkeiten über Reinkarnation dachten.

Hemleben, Johannes (1975/1977): *Jenseits*, Rowohlt Verlag, Hamburg 1980.

Das Fehlen jeglicher Vorstellung über ein Jenseits in unserer Kultur (vgl. S. 16) scheint eine Anomalie zu sein.

Huidekoper, Ellen (1979): *Ontwikkelingen in de schilderkunst van het landschap* (Entwicklungen in der Landschaftsmalerei). In: Mikrokosmos, Jahrbuch der Arbeitsgruppe Phänomenologie der medizinischen und biologischen Grundlagenbereiche, Teil II (erhältlich über das Bolk-Institut, Driebergen).

Was ich «periphere Identität» nenne (S. 62) hat Verwandtschaft mit der mittelalterlichen Identitätserfahrung, die in diesem Artikel «verstreute Identität» genannt wird.

Husemann, Friedrich (1938/1980): *Vom Bild und Sinn des Todes – Entwurf einer geisteswissenschaftlich orientierten Geschichte, Physiologie und Psychologie des Todesproblems.* 3. Aufl., Verlag Freies Geistesleben, Stuttgart.

Vorstellungen über Tod und Jenseits in andersartigen Kulturen und eine Zusammenfassung anthroposophischer Ideen und Einsichten über den Tod.

Kuhn, Thomas (1970/1972): *The Structure of Scientific Revolutions.* 2. erw. Aufl., University of Chicago Press; dtsch. Ausg.: *Die Struktur wissenschaftlicher Revolutionen.* Suhrkamp-Verlag, Frankfurt am Main 1973.

Wissenschafsphilosophische Analyse von Umwälzungen im wissenschaftlichen Weltbild und ihre Vorbereitung.

Lauenstein, Diether (1974/1978): *Der Lebenslauf und seine Gesetze.* Verlag Urachhaus, Stuttgart.

Die Biographie in anthroposophischer Sicht (vgl. S. 79f.).

Lehrs, Ernst (1973): *Vom Geist der Sinne – Zur Diätetik des Wahrnehmens.* Vittorio Klostermann, Frankfurt am Main.

Ausarbeitung der anthroposophischen Sinneslehre, die hier vor allem in Zusammenhang mit der Idee, daß wir einen «Identitätssinn» (vgl. Anm. 5, 41) entwickeln müssen, in Betracht kommt.

LeShan, L. (1966/1974): *The Medium, the Mystic and the Physicist – Toward a General Theory of the Paranormal.* The Viking Press, New York.

Ein Buch, das auf die Anthroposophie nicht explizit Bezug nimmt, in dem aber «parapsychologische» Phänomene philosophisch auf eine Weise gedeutet werden, die mit unserem Vorgehen im Einklang steht (vgl. Anm. 29).

Lievegoed, Bernhard C. J. (1946): *Ontwikkelingsfasen van het kind.* 2. erw. Aufl., Uitgeverij Vrij Geestesleven, Zeist. Dtsch. Ausg.: *Entwicklungsphasen des Kindes.* Mellinger-Verlag, Stuttgart 1976.

Eine Übersicht über allgemeine Gesetzmäßigkeiten der ersten Lebensphase, hier vor allem in Zusammenhang mit den Erörterungen auf S. 107 relevant.

– (1976): *De Levensloop van de mens: ontwikkeling en ontwikklingsmogelijkheden in verschillende levensfasen.* Lemniscaat, Rotterdam. Dtsch. Ausg.: *Lebenskrisen. – Lebenschancen.* München 1979.

Eine sehr gute, seit ihrem Erscheinen mit Recht schon mehrfach neu aufgelegte Studie über den Lebenslauf des Menschen (vgl. S. 79f.).

Lusseyran, Jacques (1956/1980): *Et la lumière fut.* La Table Ronde, Paris (vergriffen); dtsch. Ausg.: *Das wiedergefundene Licht.* Ullstein-Taschenbuch, Berlin 1981.

Autobiographie eines französischen Professors, der als Kind erblindete und durch diese Behinderung außergewöhnliche Zugänge zur eigenen Innenwelt und der anderer Menschen fand. Im Krieg spielte er eine wichtige Rolle in einer Widerstandsgruppe: Durch sein subtiles Wahrnehmungsvermögen für menschliche Stimmen konnte er vertrauenswürdige Bewerber um die Mitgliedschaft zweifelsfrei von Verrätern unterscheiden.

Moody, Raymond A. (1976/1977): *Life After Life – The investigation of a phenomenon – survival of bodily death.* Mockingbird Books, Atlanta. Dtsch. Ausg.: *Leben nach dem Tode.* Rowohlt-Verlag, Hamburg 1977.

Beschreibung der Erfahrung von Menschen, die nach einem «klinischen Tod» reanimiert wurden. Das Buch erregte bei seinem Erscheinen erhebliches Aufsehen.

Rittelmeyer, Friedrich (1931): *Wiederverkörperung im Lichte des Denkens, der Religion, der Moral.* Verlag der Christengemeinschaft, Stuttgart.
Grundlegende Studie über die anthroposophische Reinkarnationslehre von einem Begründer der Christengemeinschaft.

Romunde van, R. (1971): *Materie en Straling in Ruimte en Tijd,* Teil I (Materie und Strahlung in Raum und Zeit) Vrij Geestesleven, Zeist.
Eine bedeutende phänomenologische Naturbetrachtung; in Zusammenhang mit unserer Untersuchung vor allem von Bedeutung für die Entwicklung eines neuen Begriffs des Raumes (vgl. Anm. 61).
De grondslagen van Goethes fenomenologische methode (1978) In: Mikrokosmos, Jahrbuch der Arbeitsgruppe Phänomenologie der medizinischen und biologischen Grundlagenbereiche, Teil I (erhältlich über das Bolk-Institut, Driebergen).
Eine gute Übersicht über Goethes phänomenologische Methode der Naturbetrachtung, wie sie hier auf S. 103 und in Anm. 58 angesprochen wird.

Schaefer, K. E., Stave, U., Blankenburg, W. (1979): *Individuation Process and Biographical Aspects of Diseases – A New Image of Man in Medicine –* III. Futura Publishing Company, Mount Kisco/New York.
Eine Sammlung wichtiger Artikel, die – mehr oder weniger – anthroposophische Gesichtspunkte auf die menschliche Biographie, besonders im Zusammenhang mit Gesundheit und Krankheit, anwenden.

Siepman van den Berg, J. J. (1978): *Goethes methoden von natuuronderzoek.* In: Mikrokosmos, Jahrbuch der Arbeitsgruppe Phänomenologie der medizinischen und biologischen Grundlagenbereiche, Teil I.
Eine ausführliche Beschreibung von Goethes Werk als Naturforscher und der Bedeutung seiner phänomenologischen Methode (vgl. S. 103 und Anm. 58).

Steiner, Rudolf (1886/1979): *Grundlinien einer Erkenntnistheorie der Goetheschen Weltanschauung, mit besonderer Rücksicht auf Schiller. Zugleich eine Zugabe zu Goethes ‹Naturwissenschaftlichen Schriften› in Kürschners ‹Deutsche National-Literatur›.* Rudolf Steiner Gesamtausgabe (GA) Nr. 2, Dornach.
«Propädeutikum» der anthroposophischen Erkenntniswissenschaft.
– (1894/1978): *Die Philosophie der Freiheit – Grundzüge einer modernen Weltanschauung. Seelische Beobachtungsresultate nach naturwissenschaftlicher Methode.* GA 4.
Die erkenntniswissenschaftliche Grundlegung der Anthroposophie, eins der «klassischen» Werke der Anthroposophie überhaupt.

– (1904/1978): *Theosophie – Einführung in übersinnliche Welterkenntnis und Menschenbestimmung.* GA 9.

Eine gute Einführung in die Anthroposophie in ihrer Gesamtheit, sie gibt einen Überblick über die verschiedenen Aspekte des Menschen- und Weltbildes.

– (1904/1975): *Wie erlangt man Erkenntnisse der höheren Welten?* GA 10.

Das grundlegende Werk über den Schulungsweg, hier vor allem relevant in Zusammenhang mit den Ausführungen auf S. 87f.

– (1910/1977): *Die Geheimwissenschaft im Umriß.* GA 13.

Ein Grundriß der gesamten Anthroposophie, der auch über Reinkarnation und Karma sowie über die Methode des inneren Schulungswegs Auskunft gibt.

– (1903/1960): *Reinkarnation und Karma, vom Standpunkte der modernen Naturwissenschaft notwendige Vorstellungen.* In: Luzifer-Gnosis. Gesammelte Aufsätze und Berichte aus der Zeitschrift ‹Luzifer› und ‹Luzifer-Gnosis› 1903–1908. GA 34.

Eine der ersten Schriften Steiners über Reinkarnation (vgl. Anm. 70a).

– (1912/1978): *Wiederverkörperung und Karma und ihre Bedeutung für die Kultur der Gegenwart.* Fünf Vorträge. GA 135.

Für das Verständnis des Reinkarnationsbegriffs, wie die Anthroposophie ihn lehrt, wesentliche Einführung. Wichtig: Dieses Buch ist, ebenso wie die folgenden, die Mitschrift einer Reihe von Vorträgen Steiners. Eine Beschäftigung damit, die wirklichen Gewinn bringt, ist nur möglich, wenn man sich mit den Grundbegriffen der Anthroposophie, namentlich den hier genannten, vertraut gemacht hat.

– (1919/1980): *Allgemeine Menschenkunde als Grundlage der Pädagogik* GA 293.

Es handelt sich um Vorträge, die Rudolf Steiner im Zusammenhang mit der Gründung der ersten Waldorfschule in Stuttgart gehalten hat.

– (1920/1976): *Geisteswissenschaft und Medizin.* Zwanzig Vorträge. GA 312.

Die erste Vortragsreihe von Ärzten, hier vor allem im weiteren Zusammenhang mit dem Begriff «periphere Identität» von Bedeutung (vgl. Anm. 19).

– (1973): *Anweisungen für eine esoterische Schulung – Aus den Inhalten der ‹Esoterischen Schule›.* GA 245.

Eine Zusammenstellung von Protokollen und Notizen früher Vorträge und Kurse über den anthroposophischen Schulungsweg. Von Belang in Verbindung mit der Bemerkung in Anm. 5 und den Ausführungen auf S. 87f.

Stevenson, Ian, M. D. (1966/1974): *Twenty cases suggestive of Reincarnation.* 2. überarb. u. erw. Ausg., University Press of Virginia, Charlottes-

ville. (Dtsch. Ausg.: *Reinkarnation – Der Mensch im Wandel von Tod und Wiedergeburt. 20 überzeugende und wissenschaftlich bewiesene Fälle.* Aurum-Verlag, Freiburg 1976.)
– (1977a): *The Explanatory Value of the Idea of Reincarnation.* J. Nerv. Ment. Dis. *164* 305–326.
– (1977b): *Research into the Evidence of Man's Survival after Death. – A Historical and Critical Survey with a Survey of Recent Developments.* The J. Nerv. Ment. Dis. *165* 152–170.
– (1977c): *The Southeast Asian Interpretation of Gender Dysphoria – An Illustrative Case Report.* J. Nerv. Ment. Dis. *165* 201–208.
Die Begründung für die Aufnahme dieser vier Publikationen findet sich in Anm. 2 und 71.

Teunissen, J. V. (1971): *Paradijselijke Visioenen,* Med. Uitg. J. A. Luberti. 's-Gravenhage.
Ein bemerkenswertes Protokoll über Erfahrungsberichte von Menschen, die scheintot waren.

Treichler, Rudolf (1981): *Die Entwicklung der Seele im Lebenslauf – Stufen, Störungen und Erkrankungen des Seelenlebens.* Verlag Freies Geistesleben, Stuttgart.
Grundlegende Arbeit eines führenden anthroposophischen Psychiaters über Rhythmen und Krisen in der menschlichen Biographie.

Veltman, W. F. (1974): *Karma en Reïncarnatie.* Uitg. Vrij Geestesleven, Zeist.
Eine Übersicht über die anthroposophischen Ideen über Reinkarnation, die in Holland entstanden ist.

Verbrugh, H. S. (1972/1974): *Geneeskunde op dood spoor – het medische mensmodel als voorwetenschappelijke ideologie.* Uitg. Lemniscaat, Rotterdam; dtsch. Ausg.: *Medizin auf totem Gleis. – Das Menschenbild der Medizin als vorwissenschaftliche Ideologie.* Verlag Freies Geistesleben, Stuttgart 1975.
Gibt einen Abriß des weiteren Zusammenhangs, in den sich unser Thema einfügt; vgl. Anm. 87.
– (1978): *Paradigma's en Begripsontwikkeling in de Ziekteleer* (Paradigmen und Begriffsentwicklung in der Pathologie). Uitg. De Toorts, Haarlem.
Eine Analyse der Bedeutung der modernen Wissenschaftstheorie für die Pathologie, hier vor allem zum Zwecke der Dokumentation erwähnt. Einen Großteil der Argumente und Motive, die ich im Zusammenhang mit Reinkarnation gebrauche, habe ich in diesem Buch in einer mehr

fachspezifischen und philosophischen Terminologie dargestellt, sie müssen also hier nicht wiederholt werden (vgl. Anm. 14, 19, 25 u. a.).

Vogel, Lothar (1967/1979): *Der Dreigliedrige Mensch – Morphologische Grundlagen einer Allgemeinen Menschenkunde.* Mit Zeichnungen von Alfred Stolle. Hg. von der naturwissenschaftlichen und der pädagogischen Sektion der Freien Hochschule für Geisteswissenschaft am Goetheanum, Dornach. Philosophisch-Anthroposophischer Verlag, Goetheanum, Dornach, 2. erw. Auflage.
Eine ausgezeichnete Darstellung des dreigliedrigen Menschenbildes in der anthroposophisch-phänomenologischen Physiologie und Anatomie, das Gemeingut in unserer Kultur werden muß, wenn Reinkarnation im hier gemeinten Sinne zu einer praktischen Erfahrungsgegebenheit werden soll.

Wachsmuth, Günther (1933): *Die Reinkarnation des Menschen als Phänomen der Metamorphose.* Hg. von der naturwissenschaftlichen Sektion am Goetheanum.
Eine systematische Übersicht über Steiners Ideen in bezug auf das Reinkarnationsproblem (leider ohne Anführung der Primärquellen).

Wilmar, Frits (1979): *Vorgeburtliche Menschwerdung – Eine Betrachtung über die menschliche, frühembryonale Entwicklung.* J. Ch. Mellinger Verlag, Stuttgart.
Eine Analyse der Embryologie im Licht des anthroposophischen Menschenbildes.

Witzenmann, Herbert (1974/1981): *Vererbung und Wiederverkörperung des Geistes.* Gideon Spicker Verlag.
Grundlegende anthroposophische Arbeit zum Thema Reinkarnation.

Zeylmans van Emmichoven, F. W. (1946/1974): *De menselijke ziel – Inleiding tot de kennis van het wezen, de werkzaamheid en de ontwikkeling van de ziel.* Vrij Geestesleven, Zeist; dtsch. Ausg.: *Die menschliche Seele.* 2. Aufl. Verlag Die Pforte, Basel 1979.
Die Arbeit stammt von dem Begründer der Anthroposophie in Holland; eine systematisch aufgebaute Psychologie auf der Basis des anthroposophischen Menschenbildes.
– (1959/1974): *De werkelijkheid waarin wij leven.* Vrij Geestesleven, Zeist; dtsch. Ausg.: *Die Wirklichkeit, in der wir leben – Die zentrale Stellung des Mysteriums von Golgatha in der Menschheitsentwicklung.* Natura-Verlag, Arlesheim 1959.
Eine Einleitung in die Anthroposophie, in welcher der zentrale Platz des Christus-Wesens das Leitmotiv bildet.

Hugo S. Verbrugh

Medizin auf totem Gleis

Das Menschenbild der Medizin als vorwissenschaftliche Ideologie
180 Seiten, kart.

Die Beunruhigungen und Unruhen, die sich in der Gesellschaft ausbreiten, sind Symptome einer lebensbedrohenden Krankheit, hervorgerufen durch die gegenwärtige Wissenschaft und Technologie. Die historisch entwickelnde Diagnose dieser Situation, vor allem auf dem Gebiet der Medizin, ergibt, daß das geläufige Menschenbild keine zu Ende gedachte Anschauung des Menschen darstellt, sondern die Ideologie einer sich ihrer Voraussetzungen nicht bewußten Wissenschaft.

Demgegenüber kann nur ein neues Menschenbild aus dem »toten Gleis«, auf das der normierte, entwicklungslose Mensch als medizinischer Fall abgestellt erscheint, herausführen, eine Anschauung, die den Menschen biographisch aus seinen eigenen Lebensgrundlagen entwickelt. Aus der Fülle moderner Neuansätze betont der Autor, ausgehend von der Geisteswissenschaft Rudolf Steiners, die lebendigen, sich entwickelnden Ideen der Präexistenz und Reinkarnation des Menschen als Prinzipien eines unideologisch-wissenschaftlichen Menschenbildes und einer neuen Medizin.

»Verbrugh belegt als medizinischer Insider seine Thesen mit einer Fülle von Beispielen aus Praxis und Ausbildung.«

Aargauer Tagblatt

Aus dem Inhalt: Von Hippokrates zur modernen Heilkunde / Heilkunde als Naturwissenschaft / Die Moral der Wissenschaft / Heilmittel und ihre Umwelt / Die Beziehung zwischen Arzt und Patient / Anfang und Ende des Lebens / Menschenbild im Embryo

Rudolf Steiner Themen aus dem Gesamtwerk

Band 9

Wiederverkörperung

Zur Idee von Reinkarnation und Karma
10 Vorträge von Rudolf Steiner
Ausgewählt und herausgegeben von
Clara Kreutzer
214 Seiten, kart.

Die hier ausgewählten Texte geben einen umfassenden Überblick über die Darstellung, die Rudolf Steiner – aus seiner neu begründeten Geisteswissenschaft – der Idee der Wiederverkörperung gegeben hat. Eine konsequente, den Menschen nach Leib, Seele und Geist erfassende Menschenkunde (Anthroposophie) schließt den Gedanken der Reinkarnation und des Karma ein. Auf diesem Hintergrund zeigt sich der Lebenslauf des Menschen tiefer begründet als durch «Zufälle» bzw. «Sachzwänge», wie sie dem Alltagsbewußtsein als ausschlaggebend erscheinen. Die lebensentscheidenden Ereignisse des «Schicksals» erweisen sich als «selbstgeschaffen» zur Individualität wesentlich gehörend, die durch die Erfahrung früherer Erdenleben die Disposition zu den Schicksalen dieses Lebens und die Fähigkeit zu ihrer Bewältigung gelegt hat. So nur – durch diese geistige Autonomie – erscheint das menschliche Leben sinnvoll befriedigend, weil es die Wurzel seines Daseins in sich finden kann.

Weitere Rudolf Steiner Thementaschenbücher

1 Wege der Übung *(hrsg. von Stefan Leber)*
2 Sprechen und Sprache
3 Zur Sinneslehre *(hrsg. von Christoph Lindenberg)*
4 Vom Lebenslauf des Menschen *(hrsg. von Erhard Fucke)*
5 Erde und Naturreiche *(hrsg. von Hans Heinze)*
6 Naturgrundlagen der Ernährung
7 Ernährung und Bewußtsein *(hrsg. von Kurt Th. Willmann*
8 Geschichtserkenntnis. Zur Symptomatologie der Geschichte *(hrsg. von Christoph Lindenberg)*

VERLAG FREIES GEISTESLEBEN

Rudolf Treichler

Die Entwicklung der Seele im Lebenslauf

Stufen, Störungen und Erkrankungen des Seelenlebens

352 Seiten, Leinen

Der Autor, Facharzt für Psychiatrie und Neurologie, führend in der anthroposophisch orientierten Psychiatrie, legt mit diesem Werk eine Lebensarbeit vor, die er seit Jahrzehnten in Vorträgen, Seminaren, Aufsätzen, nicht zuletzt in der Praxis als leitender Arzt an der Husemann-Klinik (Buchenbach/Freiburg) entwickelt hat. Der gesamte Umkreis der seelischen Welt, ihrer Möglichkeiten und Kräfte, erfährt auf der Grundlage des anthroposophischen Menschenbildes eine ausführliche, konkrete Darstellung. Im Rahmen der Entwicklungsgesetze des Lebenslaufes werden die lebensalter-spezifischen Formen des Seelenlebens, ihre natürlichen Anlagen und ihre Tendenzen zu Entgleisungen beschrieben. Diagnostische und therapeutische Erkenntnisse werden angeführt. Trotz der fundierten Darstellung wendet sich das Buch durch seinen anschaulich lebendigen Stil nicht nur an Ärzte, Heilpädagogen, Pädagogen, Seelsorger oder Psychologen, sondern an jeden Menschen, der seine seelische Entwicklung mit Bewußtsein verfolgt und führt.

«Treichler ... zeichnet den Lebenslauf als einen Reife- und Bewußtwerdungsprozeß. Er öffnet neue Zugänge zum Verständnis seelischer Erkrankungen und ihrer Ursachen. Ein wichtiges Buch mit Hinweisen zur Hilfe und Selbsthilfe»
Sonntagspost, Graz

Aus dem Inhalt: Grundlegendes zum menschlichen Lebenslauf – Entwicklungsstufen des Seelenlebens – Entwicklungsstörungen des Seelenlebens – Neurose und Psychose als Entwicklungsgeschehen – Psychiatrische Krankheitsbilder im Lebenslauf – Künstlerische Therapie und Wesensglieder – Seelische Entwicklung und geistige Schulung

VERLAG FREIES GEISTESLEBEN